区域舆情与区域创新
投资发展研究

张世晓　著

中国财经出版传媒集团

经济科学出版社
Economic Science Press

图书在版编目（CIP）数据

区域舆情与区域创新投资发展研究/张世晓著.
—北京：经济科学出版社，2019.3
ISBN 978 - 7 - 5218 - 0387 - 7

Ⅰ.①区… Ⅱ.①张… Ⅲ.①大众传播 - 舆论 - 关
系 - 区域经济发展 - 研究 - 中国 Ⅳ.①G206.3②F127

中国版本图书馆 CIP 数据核字（2019）第 050501 号

责任编辑：李晓杰
责任校对：隗立娜
责任印制：李 鹏

区域舆情与区域创新投资发展研究
张世晓 著
经济科学出版社出版、发行 新华书店经销
社址：北京市海淀区阜成路甲 28 号 邮编：100142
总编部电话：010 - 88191217 发行部电话：010 - 88191522
网址：www.esp.com.cn
电子邮件：esp@ esp.com.cn
天猫网店：经济科学出版社旗舰店
网址：http://jjkxcbs.tmall.com
北京密兴印刷有限公司印装
710×1000 16 开 11.25 印张 210000 字
2019 年 4 月第 1 版 2019 年 4 月第 1 次印刷
ISBN 978 - 7 - 5218 - 0387 - 7 定价：39.00 元
（图书出现印装问题，本社负责调换。电话：010 - 88191510）
（版权所有 侵权必究 打击盗版 举报热线：010 - 88191661
QQ：2242791300 营销中心电话：010 - 88191537
电子邮箱：dbts@ esp.com.cn）

前　言

　　在互联网、移动互联网、大数据等技术广泛应用和新媒体快速发展的时代，舆情信息传播速度大大加快、传播范围空前广泛，舆情影响力也扩展到了前所未有的程度。一个突发的舆情事件往往会在较短时间内引发社会广泛关注甚至连锁反应；或者一项持久的舆情话题也会在较长时期内被经常议论。舆情观点的酝酿、传播会在一定程度上影响人们的行为决策，甚至影响宏观形势的发展。在这种背景下，舆情研究也受到了各界关注，学者们从舆情理论、舆情事件、舆情监测、舆情应对、舆情管理以及网络舆情、微博舆情、高校舆情等不同视角对舆情展开研究，产生了许多有价值的研究成果。

　　区域是国家经济社会发展的基本单元，区域经济社会发展也是国家经济社会发展的基础。区域形象具有地域品牌特征，在很大程度上会受到舆情信息传播的影响，并进而影响人才、资金等各类资源的流动和集聚，因此，舆情对区域经济社会发展有着十分直接的影响，例如舆论热议的各种与特定区域相关的自然环境、营商环境、文化环境等区域环境状况，都显示了社会舆论对特定区域自然条件、经济状况、社会状况的关注，以及对区域管理水平的评价。从中可以发现，小到区域特征的个人或机构的舆情声誉事件，大到涉及范围较广的区域舆情危机、系统区域舆情风险，都会对区域房地产价格、投资收益预期、消费市场预期、区域经济发展水平等产生影响。从诸多案例也可以发现，如果不能及时关注和应对小的舆情危机，有可能酿成区域舆情危机，因此，需要通过监测舆情把握预期管理的节奏。

本研究基于区域舆情影响区域经济社会发展的背景，对包括区域事件舆情、区域话题舆情在内的区域舆情展开研究，在分析区域舆情基本理论、一般性区域舆情管理模式的基础上，特别就区域舆情对区域投资、区域创新两个重点领域的影响进行专门的研究。

本研究认为区域舆情是特定区域相关公共信息传播、公众观点酝酿、公众预期表达和公众情绪宣泄的综合反映，无论区域内市场交易、企业经营和经济运行都会不同程度受到其影响。对区域舆情应对不当或没有应对有可能引发区域内人才外流、资金外流、产业迁移以及外部投资减少等市场变化，导致投资收益预期下降、物价波动等经济形势复杂化。因此，对区域舆情演化机制与监测管理机制的研究，尤其是对影响区域投资、区域创新环境的舆情状况进行系统研究，对于区域地方政府实施市场监管、企业微观监管以及经济运行管理、投资管理、科技创新管理都有着重要的理论和实际意义。

本研究以湖北省为例对区域舆情影响区域投资的分析发现：首先，区域舆情受经济社会发展各方面因素的影响，是各方对区域经济社会发展的综合认识、评价及观点、情绪表达；其次，区域投资的发展状况除了受到经济社会发展实体因素的影响之外，还在很大程度上受到舆情状况的影响。因此，本研究认为区域各级政府和政府各个部门应重视舆情影响并建立有效的舆情监测、分析以及运用舆情信息指导实际工作、引导舆情传播正确信息的常态化工作机制，充分利用舆情信息改善投资环境，并引导舆情发展营造良好投资氛围。具体措施还包括：获得与区域经济社会发展匹配的舆情关注度；发展多元化的区域媒体体系和舆情传播渠道以宣传区域优势投资条件；针对大众关注要有针对性地加强舆情信息传播力度以引导舆情正确发展方向；充分传播区域优势文化和正面舆情信息；加强投资者关注的重点舆情信息管理；突出重点区域的舆情信息传播等。

在区域舆情影响区域创新方面，本研究认为区域科技创新环境舆情信息传播是区域科技创新环境状况的综合反映，能够在一定程度上反映区域科技创新环境与科技创新的适应情况，并能影响各类科技创新资源的流动，即良好的科技创新舆情有助于留住和吸引更多的科技创新资源参与区域科技创新活动并逐步形成集聚优势，因此，舆情信息传播对特定区域进行科技创新资源集聚有影响作用，在互联网大数据背景下，可以借助于舆情数据分析研究区域科技创新环境及其对区域科技创新产出的影响。

张世晓

二〇一九年元月六日

目 录
Contents

第一章

导　言

第一节　研究主题、研究意义及研究目标

一、研究主题与研究意义

在以广播电视、报刊等为主的传统媒体发展的同时，互联网尤其是移动互联网的发展为各类新媒体形式提供了全新的平台，使得各种信息的产生的数量、发生的频率以及信息传播的方式不断更新，信息传播范围迅速扩大，信息传播速度也日益增长。反映大众评价、观点、预期和情绪的舆情也从传统媒体方式和渠道向传统媒体与新媒体、自媒体等多元化媒体的方向发展，使得舆情的经济与社会影响力也日益深入和扩张。

区域经济社会发展是整个经济社会发展的基础。区域形象地域品牌特征，使其在很大程度上会受到舆情传播的影响，并进而影响人才、资金等各类资源的流动和集聚，因此，舆情对区域经济社会发展有着较为直接的影响。如舆论热议的与特定区域相关的自然环境、营商环境、文化环境等区域环境状况，都显示了社会舆论对特定区域自然条件、经济状况、社会状况的关注，以及对区域管理水平

的意见。从中可以发现，小到区域特征的个别人或机构的舆情事件、声誉事件，大到涉及范围较广的区域舆情危机、系统区域舆情风险，以及区域舆情有关投资消费预期、区域经济运行、区域经济社会发展政策制定与实施、区域监管政策效果无不受到舆情传播的影响。从诸多案例也可以发现，如果不能及时关注和应对小的舆情危机，有可能酿成区域舆情危机事件，甚至可以通过监测舆情把握预期管理的节奏。

包括区域事件舆情、区域话题舆情在内的区域舆情是特定区域相关公共信息传播、公众观点酝酿和公众情绪宣泄的综合反映，无论区域内市场交易、区域内企业经营和区域经济运行都会不同程度受到其影响。对区域舆情应对不当或没有应对有可能引发区域内人才外流、资金外流、产业迁移以及外部投资减少、旅游者减少等区域市场变化，导致区域投资收益预期下降、区域内物价波动等区域经济形势复杂化。因此，对区域舆情发展机制与监测管理机制的研究，尤其是对影响区域投资、区域科技创新环境的舆情状况进行系统研究，对于区域地方政府实施区域市场、区域内企业微观监管以及区域经济运行管理、投资管理都有着重要的理论和实际意义，主要表现在以下三个方面：

第一，对于理解区域舆情的发生及其发展规律，理解区域舆情对区域内企业和市场的微观作用机制，理解区域舆情对区域投资、科技创新等区域经济社会发展的主要领域的影响作用，理解区域舆情对投资管理和科技创新环境优化效果的作用具有理论意义。微观与宏观视角的区域投资、创新与区域舆情的发生、发展、传播过程中的相互作用。尤其是在互联网、大数据背景下，区域舆情信息传播的数量、速度都有着前所未有的提升，对区域舆情的产生机制、作用机制的认识，是建立区域舆情监测、舆情应对管理机制的基础。

第二，对于区域地方政府建立相应管理机制，应对"区域事件舆情"，监测管理区域内市场、企业、投资、科技创新等区域经济体系各微观领域舆情发展具有实际指导意义。作为以区域品牌为基础吸引内外部资源集聚的特定区域发展，区域声誉风险越来越多地受到地方政府和区域投资者的重视。区域投融资、科技创新、产业集聚发展甚至旅游经济等区域市场经济活动都会在不同程度上受到区域舆情状况的影响，相关区域舆情的酝酿、发生、传播、发展，都会引起区域投资水平、人才流动、地区价格水平、区域产业发展与科技创新投入等区域经济社会发展水平的波动，可能引起对相关区域市场、区域内企业的信任危机。因此，有关区域内市场、企业、投资、产业集聚与创新等区域体系微观领域的区域舆情发展的监测与应对管理，成为地方政府必须重视和系统、深入研究的重要课题。

第三，对于区域经济管理机构、投资管理机构建立相应管理机制，应对"区域话题舆情",通过舆情管理机制实施区域经济管理、实施区域投资管理具有实际指导意义。对特定区域舆情的不适当应对或者不予应对都有可能引发对区域市场甚至经济管理能力、经济发展预期以及区域品牌形象的信任危机。区域经济管理机构可以借助区域舆情监测机制实时收集相关舆情信息,把握市场参与者尤其是一般居民、消费者的信息感受、认知特征、情绪波动、预期趋势和行为倾向,将区域舆情作为制定与测试经济政策、投资管理政策的决策信息参考,同时,运用区域舆情应对管理机制开展预期管理,更好地把握经济运行趋势。因此,区域舆情监测、舆情应对管理对于区域经济管理机构、投资管理机构的信息获取、经济运行趋势把握、经济管理政策实施、投资政策实施及其效果检验都具有重要的实际指导意义。

二、研究目标

基于以上对本书的研究意义的认识,归纳研究目标主要包括以下几个方面:

第一,区域舆情研究的基本理论目标是认识和理解区域舆情发生发展机制及其宏微观作用机制。分析区域舆情的发生、发展过程,认识和理解区域舆情对区域内市场和企业的微观作用机制,理解区域舆情对区域经济运行的作用机制、对投资管理的影响机制是建立舆情监测、舆情应对管理机制的基础条件。

第二,区域舆情研究的现实目标是构建区域舆情监测和区域舆情应对管理机制。完成这一研究目标的主要任务包括:地方政府建立相应舆情管理机制应对"区域事件舆情",监测管理区域内市场、企业、各类投资者以及科技创新机构等经济体系各微观领域的舆情发展;以及区域经济管理机构、投资管理机构建立相应舆情管理机制应对"区域话题舆情",通过区域舆情管理机制配合实施经济运行管理。

第二节 基本内容、基本思路与基本观点

一、基本内容与研究框架

本研究的基本内容与研究框架主要包括以下几个方面:

第一，区域舆情的发生、发展机制研究。研究区域舆情的发生、发展过程、发展阶段及其核心特征，即研究区域舆情的发生条件，以及传播、发展、高峰、逐渐消失等各发展阶段的特征。舆情发生、发展具有一般性规律，但是，区域舆情涉及区域内市场、企业、投融资者以及地方政府、投资管理机构等诸多领域、诸多方面和诸多主题，对于经济形势、区域特征等有着特殊的影响。因此，舆情的发生、发展规律也就具有了其自身的特殊性，具有其特殊的影响因素和特定变量。

第二，区域舆情的微观经济作用机制研究。该部分内容研究区域舆情在发生发展过程中可能对微观领域里的区域内市场、企业、投融资者、地方政府管理者等可能产生的影响作用及其作用机制；以及可能对经济及创新等领域里的区域经济政策效果、区域投资管理效果可能产生的影响作用及其作用机制。区域舆情在自身发生、发展过程中，会对特定区域内市场、企业、投融资者等微观领域的经济运行及科技创新等产生影响，甚至会对经济区域经济运行产生较为重大的影响，而这种影响也是需要进行着重研究的内容。本部分内容根据区域舆情发生、发展、传播、主要作用对象等方面的特征将其分为"区域事件舆情"和"区域话题舆情"，其中："区域事件舆情"对区域市场、区域内企业、区域投融资者等具有较为直接或者微观的影响；"区域话题舆情"则对区域总体经济运行有着更为广泛和深远的影响。该部分内容基于区域舆情的这种分类对其作用机制进行研究。

第三，区域舆情的信息收集与信息监测机制研究。本部分研究区域地方政府以及区域经济管理机构、投资管理机构建立相关管理机制，开展区域舆情信息收集、舆情监测，包括舆情信息收集与监测的模式、渠道、方式方法、机构设置与功能配置、基本工作流程管理与协调机制等内容。基于目前主要的区域舆情信息来源情况和舆情信息收集监测特征，应着重研究建立传统舆情信息渠道与互联网舆情信息渠道两大类区域舆情信息收集监测管理机制。其中传统信息渠道的区域舆情信息收集与监测主要包括传统媒体中的报纸、期刊、广播、电视等以及通过调查问卷等形式收集区域舆情信息；互联网信息渠道的区域舆情信息收集监测可以使用各类专业的舆情信息监测收集系统进行，具有不同于传统的特殊方式方法。

第四，区域舆情信息的整理、分析与预警机制研究。研究对于收集和监测到的区域舆情信息数据，运用统计、计量等方法进行系统整理，对大量信息数据进行分类、有效信息筛选、系统模型分析、重点信息预警的模式与方法。研究区域舆情信息整理中分析方法和预警模式的一般性规律。在区域舆情理论基础上建立信息分析的完整体系，并结合计算机程序和互联网技术进行区域舆情信息整理的分析模型、预警模式管理的实施机制。这一部分研究内容的重点是研究建立区域舆情信息预警体系的一般规律。

第五，区域地方政府的舆情管理机制研究。研究地方政府如何建立相应的管理体系应对"区域事件舆情"，管理区域内市场、企业、投融资者等区域体系各微观领域舆情发展状况，尤其是对区域经济社会发展有着重要影响的区域投资和科技创新等重点领域，引导区域舆情影响下的区域内市场、企业、投融资者的良性互动，共同促进区域投资和科技创新活动的开展。区域舆情是以区域相关公共信息形式发生、发展和传播的，如果发展至一定阶段，将会使得一般市场主体难以把握，只有承担区域市场监管职责的公共部门有能力应对、管理和把握区域舆情可能对区域微观领域经济造成的负面影响。因此，如何建立地方政府的舆情响应及应对管理体系是在实践领域里开展区域舆情研究的主要落脚点。

第六，区域经济管理机构、投资管理机构和科技创新环境管理机构的舆情管理机制研究。研究建立相应管理机制应对"区域话题舆情"，通过区域舆情管理机制实施区域经济管理、投资管理和科技创新环境管理的研究。区域舆情的发生、发展和传播可能对各类区域投融资主体的盈利预期、各类区域科技创新参与者的成果预期等产生实质性的影响，从而给区域经济政策、投资管理政策和科技创新环境管理政策调节效果的评估带来一定的难度，给投资管理效果的预估带来更大的变数。开展经济意义上的区域经济管理机构、资管理机构和科技创新环境管理机构的舆情管理，将有利于稳定区域经济形势、稳定投资收益预期和科技创新成果预期，给区域经济政策、投资管理政策和科技创新环境优化政策的实施营造更为稳定的区域舆情环境。因此，如何建立区域经济管理机构、投资管理机构和科技创新环境管理机构的舆情应对管理机制是开展区域舆情研究在实践领域里的又一个重要落脚点。

二、基本思路

本研究的基本思路如图 1-1 所示，实线箭头表示主要的研究方向或研究路径，虚线箭头表示辅助研究方向。

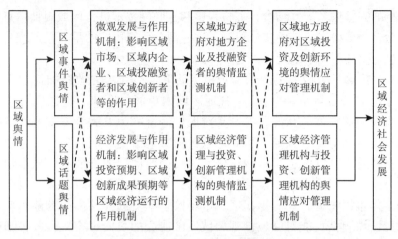

图 1-1　本研究的基本思路

三、基本观点

本研究对于区域舆情及其对区域投资、科技创新等区域经济社会发展重点领域影响的分析，形成以下主要的观点：

第一，区域舆情研究是区域经济发展管理理论与舆情信息管理理论的交叉，是经济学理论研究与管理科学研究的交叉，是经济发展理论、系统论科学、信息论科学与计量经济学理论方法等多领域理论方法的交叉，具有较强的经济理论意义与管理现实意义。

第二，区域舆情对于区域地方政府、投资管理机构和科技创新管理机构等开展舆情趋势把握经济管理、投资管理以及科技创新等重点领域的管理都具有重要影响。

第三，区域舆情监测是区域舆情管理的重要阶段。区域舆情监测处于区域舆情管理的前期阶段，通过确定特定区域舆情的监测模式、渠道、方式方法，系统收集、发现有价值的舆情信息，通过舆情所反映的信息，把握区域经济发展状况以及投资、科技创新等重点领域的发展状况，有针对性地及时进行政策调节，保障区域经济社会平稳发展运行。

第四，区域舆情应对管理是区域舆情研究的现实选择。把握区域舆情发生发展规律，理解舆情的宏微观影响和作用，以及开展舆情监测分析、重点预警，基本目标是为了使得区域内企业、投融资者、科技创新者以及区域地方政府、经济运行管理机构、投资管理机构等各方能够更加主动、更加及时地引导和应对舆情朝向有利于区域经济社会正常运行的方向发展，管理区域声誉风险，增强区域经济调节政策和投资管理、科技创新管理的针对性与有效性。

第三节　研究重点、研究方法与主要创新

一、研究重点

本研究的重点是区域舆情的监测管理机制。首先，研究如何基于区域舆情发生、发展、传播等区域舆情演变的各个阶段的不同特征以及传统媒体与互联网新媒体的不同舆情传播渠道、传播方式、传播模式，构建相应的区域舆情监测机制，采取各种区域舆情监测手段收集区域舆情信息，进行区域舆情整理、分析，发挥重点舆情预警、提示与决策参考的功能；其次，研究地方政府如何运用区域舆情监测管理机制对区域内市场、企业、投融资者和科技创新者所关注的舆情发展实施监测管理、及时防范和化解区域舆情危机事件，研究区域经济管理机构、区域投资管理机构和区域科技创新管理机构如何运用区域舆情信息把握区域经济运行趋势和区域科技创新发展趋势等，引导区域舆情的发展。区域舆情监测管理机制对地方政府、经济管理机构、投资管理机构和科技创新管理机构以及区域内市场、企业、投融资者和科技创新参与者等都具有现实指导意义，因此，这部分研究工作是区域舆情研究的重点部分。

本研究的难点是区域舆情数据的收集与实证分析。首先，区域事件舆情的发生具有突发性和随机性，难以提前准备，对于这类区域舆情事件的发生、发展过程中的相应数据较难收集，对其开展实证分析也就较为困难；其次，区域话题舆情涉及范围较广，这就相应地增加了相关数据收集与实证分析的难度。基于本研究对区域舆情信息所做的传统信息来源和互联网信息来源的类型划分，将采用传统信息收集与互联网信息收集相结合的方法，加大区域舆情信息收集的数据量，以保证本研究所需的数据要求。

二、研究方法

根据研究所涉及的区域舆情发生机制、作用机制、监测管理机制与应对管理

机制等相关内容，将采用相对应的研究方法主要包括研究区域舆情发生机制的舆情演化理论与突变论思想方法及主要研究区域舆情作用机理的描述性统计和计量经济学研究方法，以及主要研究舆情监测管理和应对管理机制的信息经济学理论、系统论研究方法。

一是舆情演化理论与突变论思想方法。使用舆情演化理论与突变论思想方法相结合研究区域舆情的发生、发展、演化、衰减和最终消失等过程中的发展、变化和突变，认识区域舆情的发生发展规律。

二是描述性统计和计量经济学研究方法。描述性统计和计量经济学研究方法相结合开展区域舆情信息数据系统整理和分析。通过区域舆情变量指标的设定、分析模型的构建、数据整理与分析，研究区域事件舆情、区域话题舆情的基本特征；研究区域舆情对区域内市场、企业、投融资者、科技创新参与者微观运行的影响作用，以及对区域投资收益预期、区域科技创新成果预期等区域经济运行的影响作用。

三是信息经济学理论方法。运用信息经济学理论方法研究区域舆情信息在区域市场环境、市场交易中的作用，对于交易成本和交易效率的影响，对于供需双方行为的影响等。

四是系统论方法。运用系统论方法研究地方政府、经济管理机构、投资管理机构、区域科技创新管理机构建立系统的区域舆情应对管理机制的方法，研究如何采用系统设计、系统协调、系统动态优化等系统论方法应对和处理具有复杂系统特征的区域舆情。

三、主要创新

第一，区域经济学理论与舆情学理论的交叉理论研究创新。理论创新内容主要包括：在区域经济领域应用舆情理论研究区域舆情的发生机制，以及舆情在区域宏微观经济层次上的作用机制。

第二，地方政府重视和开展区域内市场、企业、投融资和科技创新等微观领域区域舆情监测管理的研究创新。系统总结和深化地方政府对各类要素等进行微观舆情管理的创新研究。

第三，区域经济管理机构、投资管理机构和科技创新管理机构重视和开展投资舆情监测管理和科技创新环境舆情管理的研究创新。

第二章

区域舆情相关研究现状与基本理论

伴随互联网和移动互联网等各类新型信息传播渠道与形式的涌现和迅猛发展，信息的产生方式、产生种类、产生频率以及传播模式、传播速度、传播范围等都不断增加和扩展。在这种背景下，舆情信息传播也由以往主要通过传统专业媒体渠道转向传统媒体、互联网公共媒体和自媒体等多媒体形式并行的模式发展，从而使得舆情的社会经济影响力也随之不断扩张。

本部分内容将对区域舆情相关基础性理论和实践研究的现状进行尽可能系统的总结和评述，并希望在此基础上为本研究建立相应的理论基础。对于区域舆情影响区域投资、区域科技创新环境等区域经济社会发展重点领域的专题研究现状与基本理论将在之后的专题章节进行系统分析。

通过"中国知网"以"舆情"为主题词进行检索发现各界对于舆情的关注和研究在2004年有21篇，2005年就达到48篇，2006年达到58篇，之后开始快速增多，2017年已经达到4133篇，截至2018年10月的发表趋势预计2018年全年将达到4547篇（见图2-1所反映的"中国知网"文献库"舆情"主题发表年度趋势）。这种增长趋势主要是伴随互联网、移动互联网等各类新舆情信息传播渠道的发展和广泛应用产生。但是，也发现在舆情理论与实证研究领域都还并未成熟，研究框架、概念使用和方法都还有待进一步完善。尤其对于区域舆情的理论与实证研究较为缺乏，截至2018年10月21日通过"中国知网"文献库检索系统使用主题词"区域舆情"进行文献检索，发现仅有42篇文献，且硕士论文占了相当比例，学术期刊论文仅有14篇。因此，对于区域舆情这一较为细分的舆情专业舆情研究领域进行系统研究就更加具有了重要的理论与实际意义。

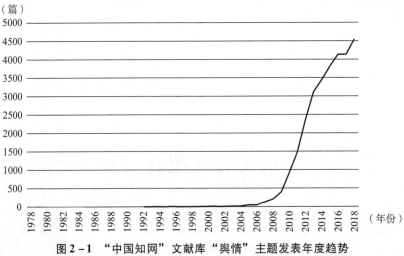

图 2-1 "中国知网"文献库"舆情"主题发表年度趋势

同时,"中国知网""舆情"相关的"主题"关键词的文献量统计分布见图 2-2。

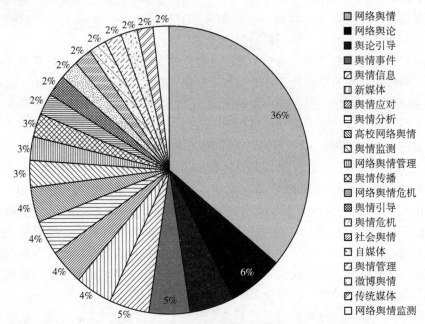

图 2-2 "中国知网"文献库"舆情"相关主题发表分布情况

本研究的相关理论基础不仅限于舆情或区域舆情领域，因此，我们认为与本研究主题区域舆情与区域投资、区域创新发展等研究相关的现有区域舆情基础理论研究可以分为五类：一类是舆情理论相关研究；第二类是区域舆情相关理论研究；第三类是区域舆论评价及其市场影响的相关研究；第四类是区域关注度的相关研究；第五类是区域声誉、区域营销和区域地域品牌形象建设的相关研究。

第一节　舆情理论相关研究

对区域舆情的概念认识基于舆情理论，是涉及特定区域的基本信息、公众评论、社会评价、认知观点、预期表达、情绪宣泄等各种类型信息的传播、发展演变和衰减、消失过程。因此，对于区域舆情的认识需要首先认识和理解舆情概念。舆情相关理论研究涉及的范围较广，可以和许多学科交叉，形成诸多分支交叉学科，如本研究的主题区域舆情即为特定区域相关的舆情研究。

国内外对于舆情的概念认识并没有完全一致的界定，并且国外英文文献研究中也并没有完全与国内对应的中文文献"舆情"对应的概念及其研究。但是与舆情相关或较为接近的概念研究较早期的有包括卢梭（Rousseau，1762）在分析社会舆论的影响时所用的"Public Opinion"这一表达，这一英文概念也是现有国内舆情研究领域的学者对于中文"舆情"比较统一的英文对应概念，除此以外，"Public Feeling""Public Sentiment"等一些具有近似含义的英文词语也被用于表达中文语境中"舆情"的相应概念。

舆情理论研究是舆情研究领域里的一个基础性理论研究内容，国内外大量学者从不同角度、采用不同的研究方法在舆情理论领域展开研究。本研究使用"中国知网"数据库进行检索，截至 2018 年 10 月 28 日，包括"篇名""关键词""摘要"在内的"主题"中含有"舆情理论"的不同类型文献有 981 篇，篇名包含"舆情理论"的各类文献有 183 篇，这些文献的研究范围包含舆情的概念、研究状况、理论框架、涉及范围、发生发展、演化模式、演变机理等方面，使用各类定性、定量研究模型。本研究将首先根据舆情理论的一般性规律构建区域舆情研究的基本理论体系。

舆情的概念是舆情理论研究的基础，国内大量学者研究探讨了舆情的概念界定。王来华等（2004）通过分析舆论、民意和舆情 3 个相关的概念之间的联系和区别，主要从政治学角度在国内较早探讨了舆情的概念，认为舆情主要体现了民众的观点和认识，张元龙（2009）、李昌祖和张洪生（2010）及于家琦（2011）等学者也做了类似的概念辨析；毕宏音（2013）、姚福生（2014）、邢梦婷和王曰芬（2015）、丁晓蔚（2017）和魏静等（2018）分别在不同时期对舆情概念研究进行了较为系统的总结、梳理和评述。

在舆情基础理论研究领域里，学者们从舆情理论研究的现实意义、研究框架表达了各自观点。王来华（2010）较早总结了舆情研究的理论与现实意义；姚福生等（2010）重点分析了舆情演变内涵、机理，从主题的发展演变到舆情强度的发展演变，再到舆情实际领域里的发展演变等 3 个内涵角度研究舆情发展演变的路径，同时运用实例研究从舆情发展的趋势和方向等方面研究舆情发展演变的内在机制。

随着互联网新媒体的兴起，舆情传播渠道发生了重要演变，针对这一媒体传播形式的变化以及其对舆情发生发展的影响，一大批理论研究开始着眼于互联网舆情理论而展开。潘崇霞（2011）分析了互联网媒体形式日益扩展条件下舆情传播和演变的不同阶段特征，将互联网舆情发展演变分为初始阶段、扩散阶段和消退阶段等 3 个主要的阶段，从互联网舆情的不同构成要素和各种影响要素等角度对舆情发展演变的特征变量进行指标量化与分析；周耀明等（2012）以互联网条件下的舆情传播为基础，运用时间序列研究方法将舆情发展演变过程分为分布类型、平稳类型、相关类型、自相似类型、周期类型、趋势类型等 6 种类型模式。互联网条件下的舆情传播主要是通过互联网渠道，因此，计算机互联网通信技术在舆情监测与信息收集、整理以及管理领域里得到更加广泛的应用，也就成为了舆情发展演变监测管理研究的一项主要技术领域。赵华等（2006）的研究主要针对舆情动态发展演变的互联网话题舆情监测管理。

还有大量学者运用不同的建模技术对舆情进行了理论分析。朱恒民等（2010）构建了互联网舆情发展演变的动态网络模型，分别从结构演变和发展演变特征以及描述方法等角度进行建模与探讨；刘小波（2011）研究了一类根据人与人关系特征的舆情发展演变模型分析技术，同时对于舆情发展演变的网络节点、特性与关联特征等方面进行了分析；陈福集和李林斌（2011）构建了互联网舆情发展演变的 G（Galam）模型，探讨互联网舆情发展演变的最终方向，研究发现对个体沟通的干预以及对公众偏好的影响都能引导舆情发展演变的方向；刘小波（2012）运用 Netlogo 平台基于 Agent 模型技术与仿真分析技术方法建立了复杂网络舆情发展演变动力学模型分析框架，研究了不同舆情引导的结果；周耀明和李弼程（2013）运用自适应模型技术方法对互联网舆情发展演变进行模型构建与研究，探讨了互联网舆情发展演变的周期性、平稳性以及自适应性等方面的特征。

第二节 区域舆情相关理论研究

区域宏微观经济运行的基础是各方面的发展环境。区域的特定地理、人文和社会特征，使其受到全社会各方面公共环境舆情的影响较大，区域舆情对区域经济社会发展环境基础的基本认知有着较为直接的影响。如舆论关注度较高的区域CPI数据、区域房地产价格，以及具有区域性特征的知名产品品牌声誉变化、知名企业的舆情事件、知名景区舆情事件、特定区域人物的舆情事件等，无不显示了社会舆论对特定区域经济形势、社会发展、生活环境、就业机会的关注，以及对特定区域企业和个人行为的意见。从中可以发现，小到个别区域企业或个人的舆情事件、声誉风险，大到特定区域房地产市场、区域自然事件、区域社会事件、区域环境事件等，以及区域价格水平、区域工资水平、区域生活习俗、区域公共管理水平、区域文化现象等都会通过舆情信息传播的形式反映社会认知状况，并对区域经济社会发展产生直接或间接的影响。从诸多案例也可以发现，如果不能及时关注和应对小的区域舆情危机，有可能酿成区域舆情危机事件，甚至可以通过监测区域舆情把握区域投资收益预期管理的节奏。

尽管随着移动互联网的技术推广，各类新的舆情信息传播渠道广泛使用，学者们对舆情的关注和研究在近年不断增加，但是，在舆情理论与实证研究领域都尚未完全成熟，尤其对于区域舆情的理论研究仍然较为缺乏。通过"中国知网"数据库文献检索系统以"区域舆情"为关键词进行包括篇名、关键词和摘要范围内的"主题"文献检索，截至2018年10月30日只有42篇文献，而且其中学术期刊文献更是只有14篇。因此，对于区域舆情这一专业舆情领域进行进一步的系统研究就具有了更大的必要性。

在已有区域舆情相关研究中，季丹和谢耘耕（2014）选取了区域舆情事件样本，构建相应模型，对中国东部、中部和西部区域经济社会发展差异性与区域舆情信息传播特征之间的关联性进行了实证研究。张世晓（2014）的研究发现区域舆情的发生起因于大众对于特定区域事件或区域经济社会发展状况的认识、评价、观点、情绪和意见等，可以通过一定的作用过程对现实的区域市场、区域内企业甚至区域宏观经济运行产生实际的影响作用，因此，出于维护区域市场、区域企业和区域宏观经济运行秩序的目的，需要区域地方政府和区域经济管理部门对区域舆情进行监测调查与管理；研究了区域舆情的监测管理机制；研究了区域舆情与区域企业声誉管理机制的关系；研究了区域市场监管机构监测区域舆情并将区域纳入管理体系的理论依据与实施策略；提出了区域舆情监测管理的有关理论与实践管理策略。此外，张世晓（2018）的研究还涉及区域舆情对于区域科技创新环境建设的影响作用。

第三节　区域舆论评价及其市场影响的相关研究

在有关区域舆论评价及其市场影响的相关研究中，基本的理论思想研究脉络大体按照以下 3 个方面的路线或者角度进行：

首先，按照新闻传播学与舆论理论研究的线索，即媒体报道引导为主，逐步形成主导观点及其信息传播，这一类型的研究早期有塔德（Tarde，1899）和利普曼（Lippman，1922）的舆论传播影响力分析理论体系；此外，Elisabeth（1973）较早提出的"沉默螺旋"（Spiral of Silence）概念和相应理论分析框架具有较大的影响力，这一理论认为，在舆论评价的信息传播过程中，公众较为普遍地能够接受被大家公认的观点或思想观念，这样就可以避免孤立所造成的压力，并进而形成了基本一致的思想及其表达。这一类研究与区域舆情研究较为贴近，其许多研究方法和研究思想可以为区域舆情研究直接借鉴。

其次，按照民意调查的研究先做开展研究，如芭芭拉和罗伯特（Barbara and Robert，2000）就是较为具有代表性的研究学者，他们开展民意调查研究所采用的方法具有代表性，也被较多地引用。这一类研究也可以为区域舆情研究所借鉴，但是需要根据区域舆情研究的特点做相应的调整。

最后，依据社会心理学的研究角度，如梅里美（Rimé，1991）提出"情绪社会共享"（Social Sharing of Emotion）的理论概念，并构建了相应的舆论产生和发展的心理学理论框架。

综合上述研究可以发现，现有国外研究者的相关理论研究大多聚焦于舆情信息传播和大众观点形成的基础理论，已有研究文献的思路对本研究都具有重要理论支持意义，可以为本研究构建区域舆情信息传播和大众舆论评价形成机制、各类舆情相互影响机制以及构建相应的区域舆情监测管理机制、应对管理策略提供基础理论支持。

此外，直接涉及舆论评价信息传播在区域领域影响的区域舆情相关研究多为有关媒体信息传播与区域市场影响的相关研究，如菲力皮奥斯和卡特锐迪（Filippaios and Kottaridi, 2007）、皮瑞斯（Parris, 2010）等学者分别根据媒体和各种不同类型区域信息传播渠道对于投资者的投资行为影响及其变化进行了多方面的研究，基于投资者的角度分析了区域信息的市场传播和投资者一般认识变化的相应影响，这些研究均取得了较多成果。

伴随移动互联网应用范围和领域的日益扩展与深化，舆情信息传播也不断便利化并且正在进入传统媒体、新媒体和自媒体多元化的新阶段，并且新媒体和自媒体相比传统媒体的影响力也正在快速提升。中国学者在区域舆论评价相关领域的研究也正在成为近年一项新的热点研究领域，近年来"中国知网"显示的文献数量呈现快速上升的态势。根据区域舆论评价互联网信息传播所做的区域影响力研究也发展成国内的区域经济与舆情研究的细分领域。相关研究涵盖以下几个类型：

第一类是关于特定经济发展区域舆论传播的研究，分析区域舆论评价主题的形成一般规律、区域特征等，如陈伟（2013）针对区域内的经济示范区相关舆论现象进行了分析；周宇豪（2014）选取中原经济区为例研究区域舆论传播状况；朱波（2015）通过大理地区的实例所做的区域地方舆论传播特征研究；余艳波和张瑜烨（2016）关于"长江中游城市群"特定区域的舆论传播特征研究。

第二类是区域舆论监测相关研究，包括区域舆论状况的信息多元化媒体信息传播的监测指标选择、信息收集方式、分析模型构建等，如刘彬和董茜茜（2015）所做的有关区域事件舆论状况监测指标设计与模型体系构建。

第三类是关于区域环境舆论状况的研究，分析环境舆情关注热点，区域环境状况的舆论反映等，如张橦（2018）使用省级范围的面板数据基于新媒体舆论研究了公众和环境治理相关关系。

第四类是有关民族区域舆论状况的研究，如卓兰（2015）、潘皇林（2016）、王开波和赵瑞阳（2016）、何胜科（2017）等的研究。

第四节　区域关注度的相关研究

有关于市场关注度的相关研究中，本研究认为从 20 世纪三四十年代以来，以市场价格形成机制为核心的投资市场理论得到了许多重要的进展，其中费舍尔（Fisher, 1930）、威廉姆斯（Williams, 1938）、马科维茨（Markowitz, 1952）、高顿（Gordon, 1962）、夏普（Sharp, 1964）、林特钠（Lintner, 1965）、罗斯（Ross,

1976）等一批重要的经济学家都对经典投资市场理论的发展做出了重要贡献。古典市场价格理论是基于一些较为理想化的基本假设条件之上的，这一理论体系具有明确的设定或者隐含着一些较为严格的假定，比如市场的交易者或投资者都会具有独立的和理性的投资判断和投资决策能力，并不会轻易受到他人观点的影响而改变，同时，投资人也会在分析各种可以选择的投资项目后根据各自风险偏好构造其投资组合中的项目选择与构成结构。

尽管古典模型为理解投资市场的均衡提供了基本分析框架，但是，实际情况却并不具备古典理论模型所假设一系列理想的环境条件。例如，投资者并不会完全独立于各类外部信息环境而不受任何外部信息的影响，相反，投资者往往会受到诸如媒体频繁发布的报道、分析师不厌其烦地推荐或者周围亲朋好友、同学同事等的议论、评价以及传播的各类消息，从而使得原先独立的信息系统受到冲击、原有的分析体系受到影响、原来的观点不再坚持。另外，与本研究主题具有更密切关联性的方面，也就是受到投资者信息处理能力所限，无法投入更多时间、精力、财力等资源，投资者特别对于个人投资者，大多不会在对市场现有大量的投资对象进行逐一详尽分析后做出投资决策，实践中常常只在其所能关注到范围之内随机做出选择，这种投资选择和投资决策行为机制便凸显了关注度的重要性。在这种理论背景下，学者们开始着力于关注度的市场影响研究。本研究基于已有文献的研究重点将关注度研究大体分为两种类型，一类重点研究媒体借助关注度对市场交易的影响，另一类型则从更为广义的角度分析关注度与市场交易的相关性。媒体引发关注度的市场影响一类研究中，着重分析媒体对投资市场影响力的研究文献多数假设媒体报道及其分析、评论和观点表达会在不同程度上对投资者的决策产生相应影响，并且这类研究一般通过相应的变量设计、指标选取、数据收集和检验模型对研究假设进行实证分析。比如泰特洛克（Tetlock，2007）就基于语言的特征状况分析媒体的报道中词汇选择对市场反应产生的不同效果。方和皮瑞斯（Fang and Peress，2009）研究了媒体报道和股票市场收益之间的相关性，研究认为媒体报道越多则会与越少的股票市场横截面收益相关。恩格尔伯格和帕森斯（Engelberg and Parsons，2011）分析发现媒体的报道可以吸引市场关注，从而带来更多的市场交易。在广义的关注度与市场的关系一类研究当中，现有文献重点研究了广义关注度与市场交易的相关性，这一类型的研究对本书具有更为紧密的研究基础性质。在这些研究中，维格（Vega，2006）根据引发关注度的视角展开分析，研究发现更多私人信息、更多公开报道和更少媒体报道以及更低市场流动性相关，其研究采用多元回归作为基本的研究方法。彭等（Peng et al.，2006）分析了投资人关注度的具体分布状况，认为这种分布具有类型分配的特征；巴伯和奥迪恩（Barber and Odean，2008）的研究发现个人投资者与机构投资者相比具有很大的不同，个人更加容易受到外部信息冲击的影响，新闻报道、交易量的异常变化和单日极端收益等信息都会吸引其关注度，研究使用不平衡买卖数据检验法进行了相关检验。柯文和科努尔（Corwin and Coughenour，2008）的研究发现有限的关注度能够显著地影响市场资金的流动性；德拉魏格纳和波利特（Dellavigna and Pollet，2009）的分析检验了公司公布收入的效应，发现投资人有限关注度能够影响股票市场的收益性。梦迪瑞亚（Mondria et al.，2010）的研究分析关注度对于跨国交易过程中投资决策的影响，认为投资人通过收集更多信息，会对具有较多资产选择的国家产生较多的关注度，并且会对具有较多关注度的国家开展较多的投资活动。达等（Da et al.，2011）运用互联网搜索数量指标对投资人关注度进行测度，找出了与现有投资人关注度代理变量具有差异性的特征；古伦（Gurun，2012）分析认为区域媒体通常会发表较多区域公司的正面信息，从而吸引投资人积极的关注度。所罗门（Solomon，2012）分析了相关公司通过有选择地进行信息释放，吸引投资者的关注，从而影响股票市场价格的作用机理。

伴随国内投资市场的发展，国内学者也开展了市场关注度的相关研究，但是受到数据量的制约，这一领域的研究文献尚不够丰富。在这些研究中，王振山和姚秋（2008）运用股票市场的数据，根据分析师关注度状况，检验了分析师关注度和股票收益率的相关程度。饶育蕾和王攀（2010）利用资本市场的交易数据，研究了媒体报道的关注度状况和新股市场价格波动的关联性。乔坤元（2012）选取资本市场相关数据，采用事件研究法，实证检验了市场分析师的关注和股票市场收益相关关系的显著性。施荣盛和陈工孟（2012）选取投资论坛发帖相关数据和分析师评级数据，研究了投资人关注度和股票市场交易、股票市场投资收益的相关性；俞庆进和张兵（2012）选取百度指数相关数据以代表关注度水平，研究了投资人关注度和股票市场投资收益的相关性。

第五节 区域声誉的相关研究

区域市场声誉影响的相关基本理论研究中，与本研究相关的国外研究文献基本可以分为三类。第一类是有关一般市场声誉作用机理的基础理论性研究，这一类研究分析声誉的形成及其对市场交易人的激励约束作用，进而分析声誉的市场价值，这类研究普遍发现市场声誉是交易契约以外能够同样发挥约束力的市场力量，能够与正式契约共同起到制约交易双方的作用。补充契约的不完善性可以保证交易的实现、降低交易费用，在信息不完善条件下它是交易者之间的内生约束机制，这一类文献为本研究提供了声誉理论的理论基础和分析思路。第二类是有关市场、企业或其他商业机构行为的声誉激励约束机制的研究，这一类研究和本研究领域较为一致，也为本研究提供了较为密切相关的声誉环境理论基础。第三类是有关上市公司的声誉影响与声誉价值激励约束作用激励的研究，为本研究提供了框架和方法方面的理论基础。

第一类研究为有关市场声誉作用激励的基础理论性文献。这类研究发现在信息不对称与契约不完善背景下，声誉机制可以通过交易各方动态重复博弈过程中的惩罚机制和非重复各交易方相互不合作惩罚机制发挥市场激励约束作用。如科林和莱弗乐（Klein and Leffler，1981）、克瑞普斯和威尔森（Kreps and Wilson，1982）、夏普诺（Shapiro，1983）、泰拉里斯（Tadelis，1999）、斯蒂格利茨（Stiglitz，2000）等许多学者都在这一领域里有较早的研究和成果发表。随后的研究中，如麦克里奥德（MacLeod，2007）分析了声誉在市场关系和契约约束力方面的影响；格罗斯卡普夫和萨瑞（Grosskopf and Rajiv Sarin，2010）运用实验研究方法分析了声誉机制的市场作用；费恩高德和萨尼卡夫（Faingold and Sannikov，2011）分析了动态连续博弈过程中的声誉机制影响。

第二类研究中，有关市场、企业或其他商业机构行为的声誉激励约束机制的研究也同样发表了一系列较为有影响力的成果，这些成果利用不同经济领域的数据样本分析检验了声誉因素的作用机理。巴特里奥等（Battalio et al.，2007）使用投资市场领域中的纽约证券交易市场交易制度作为分析样本，研究了声誉机制在这种市场中的作用；方和亚苏达（Fang and Yasuda，2009）研究了投资市场中卖方投资分析报告受到声誉机制约束的作用；罗斯（Ross，2010）分析银行声誉对信贷市场上银行贷款条款的作用，检验了发挥主导银行的声誉影响力；戈帕兰等（Gopalan et al.，2011）运用信贷辛迪加的市场数据实证检验了金融市场投资中介机构声誉的影响因素；齐马尼等（Chemmanurn et al.，2011）分析了创新创业企业在与风险投资公司的投融资交易过程的声誉的市场作用机理；阿特纳索等（Atanasovn et al.，2012）运用风险投资公司的相关诉讼数据，分析了风险投资市场领域里声誉作用对于风险投资公司行为的约束；厄迪穆拉等（Ertimuran et al.，2012）研究了公司期权的履约样本，分析了公司经理人薪酬支付中的声誉作用机理；博内密（Bonaimé，2012）分析了投资市场中交易人声誉与其收益的相关性。

第三类研究为有关上市公司的声誉影响与声誉价值激励约束作用激励的研究。如迪克等（Dyck et al.，2010）的分析认为上市公司的行为会显著地受到声誉约束机制的制约，因此，除了政府的监管机构之外，媒体记者、专家学者甚至个人等社会各方均会对上市公司进行监督，这种激励约束机制可以用声誉收益机理进行解释。

也有许多国内学者关注和研究了商业机构的声誉风险。如胡颖和陈成斌（2010）、李卫东等（2010）等在这方面都有较有代表性的研究成果。这些商业性机构市场声誉研究领域在商业性金融机构声誉管理方面，研究声誉对商业银行的作用机制和商业银行的声誉风险管理方式。国内研究文献分析商业银行声誉风险在资本市场的表现，或者资本市场角度进行商业银行声誉研究仍需进一步深入。本研究领域相关的研究如陆静等（2013）采用事件研究法检验声誉事件发生对市场交易的影响，分析资本市场对银行声誉信息反应的显著性。

直接研究区域声誉的文献成果中，从佳佳和吴传清（2010）通过构建声誉数量分析模型，探讨了区域产业集聚区的声誉价值，分析了区域产业集聚品牌声誉的有效维护机制。郑鹏等（2010）运用声誉理论分析了区域旅游中的合作机制，研究了避免违约的约束机制。涂传清和王爱虎（2012）构建声誉模型分析农产品区域品牌的价值，并基于区域农产品声誉价值的维护对政府的扶持提出了建议。周小梅和范鸿飞（2017）选取浙江省丽水市农产品品牌作为样本，研究了区域声誉对于区域农产品品牌建立的重要性，分析了区域声誉对于农民生产高质量农产品的激励作用，也为政府的引导提供了参考建议。

第六节　区域营销和区域品牌形象建设的相关研究

区域营销即特定区域通过各种渠道和方式对该区域进行区域或地域品牌形象建设的过程，而区域舆情状况对区域营销、区域品牌形象的建立都有着直接的影响，因此，区域营销和区域品牌形象建设的相关研究对于区域舆情研究有着密切的联系，其相关研究思路、研究框架和研究方法都值得区域舆情研究借鉴和采用。

在区域营销研究领域。韦文英和杨开忠（2005）分析了基于区域营销的区域特征。严群英（2011）的研究认为区域营销有助于区域集聚各类要素资源、有助于区域培育特色产业、有助于增强辐射产能和区域间协作分工，从而分析了区域营销对凝聚区域间竞争优势的作用。尼多迈索和乔纳森（Niedomysl and Jonasson，2012）实证分析了区域营销对资本的吸引效应。韩永来和孟素平（2012）对区域营销促进区域经济发展的内在机制进行了探讨。伴随互联网信息传播方式的兴起，借助互联网开展区域营销成为必然选择，雷亮等（2015）研究了应用互联网大数据开展区域营销的方式和策略。

在区域品牌形象建设研究领域。艾伦（Allen，2007）认为区域品牌建设是推动区域经济发展的新工具。森克尔（Zenker，2011）以城市为样本，研究了区域品牌的概念、影响因素以及测量方法。肖艳和张利群（2017）的分析认为区域品牌经济对于区域经济发展具有重要的推动作用，区域品牌经济发展需要品牌形成、引导、动力和治理相关作用和协同。邱爱梅（2017）从消费者的角度分析了区域品牌的发展战略。吴雪（2018）结合乡村振兴规划探讨农业区域品牌的建立。鲍耶森（Boisen et al.，2018）对于区域推广、区域营销、区域品牌等类似概念进行了重新梳理和分析。

一些学者的研究从特定的区域产品或服务发展领域展开。如廖毅和聂静虹（2018）运用东莞市特色香蕉品种为样本，分析了区域品牌对于水果产品互联网方式购买意愿的影响。

第七节　相关研究评述及基于相关研究的区域舆情研究趋势

在国内外区域舆情现有相关研究基本认识的基础上，本研究将根据以下几个方面的研究动态趋势展开：

在舆情理论相关研究领域，目前正在向细分舆情研究领域延伸。已有研究更多关注舆情基本概念、产生和发展规律等基本概念和理论，但基本理论在特定领域的适用性，仍然需要进行具体和拓展的研究，因此，本研究将运用已有成果，将舆情概念、规律的相关研究成果在区域舆情领域里做拓展和延伸。

在区域舆情相关理论研究领域，现有研究正处于亟待进一步深化的阶段。已有研究多针对区域旅游、地域特征等局部领域，本研究较为系统地总结、分析区域舆情规律，并将研究视角聚焦于区域舆情与区域投资、区域创新等关系区域经济社会全面发展以及凝聚未来长期可持续发展动力的重点领域。

在区域舆论评价及其市场影响的相关研究领域，目前的趋势是多元化媒体舆论信息传播渠道的融合研究。现有研究着重分析舆论评价对区域认知的影响，本研究将这种研究综合纳入区域舆情研究框架，并且将其与具体的区域投资、区域科技创新活动相结合，分析其对区域重点发展领域的影响和管理策略。

　　在区域关注度的相关研究领域，目前研究更多地关注互联网媒体的关注度状况。本研究将结合传统媒体与互联网媒体的综合舆情传播方式，并有重点地将关注度研究与舆情研究项结合，研究区域舆情的关注度要素，从区域舆情关注度视角分析区域投资、创新发展等主要领域。

　　在区域声誉的相关研究领域，当前研究关注区域声誉的形成与演变，本研究将借鉴声誉概念，从区域舆情角度分析区域舆情声誉的形成及其对区域投资、创新活动的影响。

　　在区域营销和区域品牌形象建设的相关研究领域，目前研究多关注区域特色农产品品牌营销、区域旅游形象和旅游资源影响。本研究将充分借鉴相关研究思想，将其纳入区域舆情对区域投资、区域创新资源集聚的研究框架内。

第三章

区域舆情发生、演变与影响的一般性分析

本章内容为区域舆情一般概念和理论分析。探讨区域舆情的一般概念和构成要素；分析区域舆情发生、发展、演变及衰减、消失等过程，以及过程中各阶段的主要特征，即研究区域舆情的发生条件、发展动力、演变规律以及发生、传播发展、演变、衰减、消失等各演变阶段的特征。一般舆情的发生、发展、演变、衰减和消失都有着一般性的规律，但是，区域舆情涉及区域市场、区域企业、区域投融资者以及区域地方政府、区域投资者、区域创新管理者等诸多特殊方面和领域，对于区域经济形势、区域特定事件和区域话题等有着特定的反应方式，因此，区域舆情的发生、发展、演变规律也就同样具有其内在的特殊性，同时也有着其特殊的各类影响因素与变量。

第一节　区域舆情概述

本研究要分析的区域舆情指各类区域相关信息发布者根据各自观点，就某种区域相关主题，通过各类信息传播渠道进行的区域相关信息发布，能够产生不同信息主体间互动效果的信息传播模式。区域舆情是特定相关区域公共信息传播、公众观点酝酿、公众预期表达和公众情绪宣泄等的综合反映。区域舆情的演变指在区域预期信息传播中各类舆情信息主体对相关舆情的关注程度、关注人数

和舆情信息的传播观点、传播内容，以及舆情信息传播速度、频率等特征的变化过程。

区域舆情要素、区域舆情发生和区域舆情演变及演变的阶段、模式是区域舆情研究的主要方面。

本研究认为区域舆情及其演变也会遵循舆情发展的一般规律，然而，由于区域活动对经济运行具有一些特定的影响力，区域活动对区域舆情信息传播就有了特殊的反应特性，所以，区域舆情及其演变就一定具有其一些特殊性。

一、区域舆情的要素

区域舆情及其发展演变要素主要包括：区域舆情的传播主体、区域舆情的传播主题、区域舆情的传播内容、区域舆情的传播渠道等方面。

（一）区域舆情的传播主体

区域舆情发生、发展所涉及的舆情信息传播与舆情信息传播影响对象即本研究所指的区域舆情的主体，也就是区域舆情信息的发布或传播者和接受者，按照主体性质分类可以包括自然人和组织，其发布或传播以及接受行为可能有明确的目的，也可能完全由于随机因素的影响。

1. 区域舆情主体类型

区域舆情主体类型按照性质划分可以包括自然人和组织两大类。区域舆情主体的组织类型又可以分为法人组织、非法人组织；法人组织包括机关法人、企业法人、事业单位法人、社会团体法人等。

各类不同的舆情主体其目标不尽相同，因此，其在针对区域舆情的行为特征也各不相同。

2. 区域舆情主体的舆情信息传播目标

区域舆情主体的舆情信息传播目标存在差异性，大体上可以分为有目标性传播与非目标性传播。目标性传播带有较强的主观倾向性，往往存在非真实性特征的概率较高；无目标性传播更有可能保持舆情信息的真实性，但同样会受到个人认知特征的影响。

（二）区域舆情的传播主题

有关区域舆情的主题是界定特定区域舆情信息传播的主要特征项。区域舆情的主题是多种多样的，并且可以按照不同的分类标准对其进行类型的划分。如果按照区域舆情发生的内容特征进行分类，则一般可以分为事件区域舆情主题和话题区域舆情主题两大类型。区域事件舆情主题是有关区域企业、区域市场中发生的特定引发大众关注的事件为主题的舆情传播，舆情信息源的发生具有更加微观的特征，但是，可以产生较为广泛的影响；区域话题舆情主题是有关影响区域宏观经济运行的因素变化为舆情传播的主题，如区域经济发展状况、就业机会、房价、物价水平、投资盈利水平、公共管理水平、环境状况甚至涉及风土人情、社会风貌、旅游资源、人文特征、著名人物、历史等。

（三） 区域舆情的传播内容

区域舆情信息传播的具体内容主要可以表现为事实描述、假设推测、观点表达、评论评价、逻辑推理、预测预期、情绪宣泄等形式。由于区域舆情信息传播并非一定有官方权威发布，所以内容的真实性和权威性并没有完全的保证，可能有许多猜测、虚构或情绪化的内容，这也是本研究中认为区域舆情需要正确引导的一项基本理由，即区域舆情应当有相应的事实依据、通过特定的逻辑思路、得到相应的观点结论，因此在区域舆情的内容中，事实是基础、逻辑是框架、观点是总结。

（四） 区域舆情的传播渠道

伴随移动互联网等新的舆情信息传播技术和渠道、方式的发展，区域舆情的载体传播渠道正呈现出多样化的发展趋势，除了传统的街谈巷议、亲朋好友聚会聊天、口口相传等非正式舆情传播渠道以及报刊、广播、电视等正式媒体传播渠道之外，出现了基于互联网、移动互联的论坛、博客、微博等新媒体形式，借助于广泛应用的微信、QQ等常见社交软件，使得区域舆情传播数量、速度、频率、范围、受众、影响等都大幅提高。

二、 区域舆情的发生

对于区域舆情发生原因的分析是研究区域舆情发生的重点领域。区域舆情的发生源于不同的原因，可以根据区域舆情主题类型的不同进行类型划分与相应分析。区域舆情主题可以分为区域事件舆情和区域话题舆情，事件舆情发生于区域企业、市场等区域领域具体事件的发生；区域话题舆情则往往发生于影响区域宏观经济运行因素的动态变化。

（一） 区域事件舆情的发生

区域事件舆情的发生源于与特定区域相关的具体事件，往往具有突发的性质，这种突发事件可能发生在区域内，也可能发生在区域外但事件人物等方面涉及特定区域，能够引发舆情信息受众对于特定区域的关注和评价。区域事件舆情的发生具有短期、突发等特征，其应对管理也需要相应的应急预案，对管理反应能力要求较高。

（二） 区域话题舆情的发生

区域话题舆情的发生并不基于具体的事件或突发情况，而是由某一引发大众关注的宏观主题而引发，比如区域房价是常见的区域话题舆情，这种特定区域的话题舆情源于大众长期关注的热点主题，相关信息长期积累、相关报道长期受到关注、相关话题长期在各类渠道条件下被讨论。区域话题舆情的发生往往没有突发性特征，相应的管理措施也往往是长期和常态化的。

第二节　区域舆情的演变

本研究认为区域舆情是围绕特定的"主题"内容发生、发展和演变的，所以，本研究的分析将以区域舆情"主题"为基础。本节内容将建立"主题"概念基础，对区域舆情中特定"主题"的演变进行界定。区域舆情演变的过程同时包含着区域舆情传播主题的演变、区域舆情传播密度的演变、区域舆情传播速度演变、区域舆情传播长度演变、区域舆情传播力度演变、区域舆情传播广度演变、区域舆情传播强度演变等不同的维度和特征。

在综合分析区域舆情信息传播演变的主题、密度、速度、长度、力度、广度等特征之后，可以定义区域舆情信息传播强度演变综合指标。

一、 区域舆情演变概述

本研究基于区域舆情信息演变的各类内涵和维度，认为区域舆情传播演变强度是区域舆情演变的综合反映，这一区域舆情演变综合指标受到一系列区域舆情演变指标的影响，这些指标包括：特定主题区域舆情信息传播主题的演变、区域舆情信息传播密度的演变、区域舆情信息传播速度的演变、区域舆情信息传播长度的演变、区域舆情信息传播力度的演变、区域舆情信息传播广度的演变等不同内涵和维度指标。

以下将进一步讨论影响区域舆情信息传播强度的各变量特征。

（一） 区域舆情传播主题的演变

区域舆情主题的演变是指最初发生的区域舆情主题在随后的传播过程中，主题从最初的形式演变为随后的其他主题内容，如从区域理财产品风险事件演变为区域金融机构信任危机、从区域房价上涨演变为区域物价上涨预期等。

区域舆情主题的演变有内容具体关注点的演变，也有主题方向的整体演变，但都会具有关联性，只是这种关联性有些属于较为容易发现演变路径的线性联系，有些属于让人不易直观发现路径的非线性或跳跃式演变；区域舆情主题的演变还会受到其他舆情发展状况的影响，从而形成交叉主题的舆情。

区域舆情主题的演变既会发生在区域事件领域，也会发生在区域话题舆情领域。在区域事件舆情中，随着事件的发展或有关特定事件事实的相关信息不断披露，有更多的情况为人所了解、知晓，人们的认识会有所改变，随之的舆情主题也会有所变化；在区域话题舆情领域，相关主题往往属于常态化的关注主题，随之现实状况的变化，话题的关注点和话题所涉及的具体内容都会有新的信息和新的变化，这都会使得区域舆情主题不断发生动态演变。

（二） 区域舆情传播密度的演变

区域舆情传播密度的演变表现为舆情信息传播量的变化特征，是指一定时间段内，在某一特定区域舆情主题之下各类舆情渠道信息传播量的大小变化，一般会呈现出山峰形态的变化特征，尤其是对于区域事件舆情信息传播，也就是区域舆情形成初期密度小，之后伴随传播量的增长逐渐增大，最后又趋于减小乃至最终消失。

区域舆情信息传播密度的演变特征符合一般舆情演化规律，同时也正是界定舆情的基本界限标准，即从特定主题舆情信息传播的密度演化过程可以定义一个区域舆情过程。另外，根据关注度的差异性，各个不同区域舆情信息传播的密度演变过程也存在差异性，包括密度峰值的高度、宽度、偏度以及具体峰值出现的位置等。

区域舆情信息传播密度的演变特征源于特定区域舆情的受关注程度、出现的时间特征、传播的渠道等。

（三） 区域舆情传播速度的演变

区域舆情传播演变的速度是指区域舆情信息在特定范围内传播所用的时间长度。根据区域舆情的主题、关注度等各种因素的影响而各不相同。如热点区域舆情事件的传播速度会相对较快，而一般区域话题舆情即使在有新的观点、评论和内容的前提下，也会以相对比较慢的速度扩散。

区域舆情信息传播速度也会在区域舆情演变的不同阶段发生动态变化。主要的区域舆情传播速度阶段性特征变化呈现三阶段速度变化，如在初期迅速传播，随后中期传播速度逐步放慢，再到后期继续放慢直到逐步消失；或者初期缓慢传播，随后在中期热度突然增加导致传播加速，到了后期有程序逐步衰减和消失。也有一些可能呈现两阶段速度变化，如初期缓慢、后期加速；或者初期迅速传播，后期放慢等。还有些可能呈现四阶段甚至更多阶段的速度演变过程，表现出不同节奏的区域舆情信息传播速度演变。

（四） 区域舆情传播长度的演变

区域舆情传播长度的演变是指以时间衡量的区域舆情传播持久性，即特定主题区域舆情传播演变的时间长度。有些区域舆情传播的时间较短，可能以天甚至小时来衡量，舆情发生之后很快就因为其影响力或者有关方面的干预而衰减、消失；有些舆情的传播时间，可能要以周、月、季度，甚至年来计算，持续较长时间才逐步衰减、消失；更有特殊舆情主题，比如许多区域话题舆情会长期存在，只是具体舆情传播内容会有所变化，如有关区域房价、物价水平的舆情便是一种常态化的区域舆情，在不同时期有着不同的具体内容特征。

区域舆情传播的长度演变过程会受到多种因素的影响，一般而言，区域事件舆情传播的长度会较短；相对而言，区域话题舆情传播的长度会较长。各类区域舆情传播中还会因一些随机因素的影响而发生动态变化。

（五） 区域舆情传播力度的演变

区域舆情传播力度的演变是指区域舆情传播质方面的特征，具体表现也就是关注和传播特定主题区域舆情的媒体或渠道本身具有的关注度与影响力的高低程度，以及参与特定主题区域舆情信息传播的主体本身具有的关注度与影响力的高低，这些特征的变化就直接构成了区域舆情信息传播力度演变的主要方面。

区域舆情信息在传播过程中，可能在不同阶段会有不同的媒体和渠道的参与，而这些媒体和渠道本身的受关注程度、影响力是不同的，这就在一定程度上影响了特定主题区域舆情的传播状况，如果能够引起重要媒体和信息传播渠道的参与，则该主题下的区域舆情信息传播力度将大大加强，因此，区域舆情信息的传播力度受传播媒体和渠道的影响。

此外，舆情信息传播主体的受关注程度与影响力也是影响特定主题区域舆情信息传播力度的重要因素，也就是如果有重要的舆情信息传播主体关注和参与特定主题区域舆情信息的传播，则该主题区域舆情信息的传播力度将大大加强。

（六）区域舆情传播广度的演变

区域舆情传播广度的演变是指区域舆情信息传播范围大小的动态变化过程，从范围类型上可以包括区域舆情信息传播的地理范围、行业范围、人群范围、媒体渠道范围等多个维度进行划分。

从区域舆情信息传播广度演变的阶段性上分析，首先，一般在区域舆情发生初期常见的类型大多为扩展型传播，即从最初的小范围传播逐步扩展为较大范围的传播；其次，到达舆情信息演变的高峰阶段达到最大的广度范围；最后，到了舆情信息传播的后期阶段，传播广度就会逐步缩小，以至最终衰减、消失。

因此，可以从区域舆情信息传播演变的广度定义和度量特定的舆情信息传播过程。

二、区域舆情演变的阶段

区域舆情信息传播的演变过程可以按照其特征明显发生变化的基本条件，划分为不同的阶段性，一般可分为区域舆情初期演变阶段、中期演变阶段与后期演变阶段大体三个主要的界定。一般而言，初期阶段形成主题，中期阶段的密度、力度、广度等维度上会有较大变化，后期则逐渐消失。

（一）区域舆情传播演变的初期阶段

区域舆情信息传播演变的初期阶段包括了区域舆情的最初形成阶段以及初步演变阶段。这一阶段的区域舆情演变过程主要是完成区域舆情主题的凝练和形成，并在特定主题下汇聚各方面观点、评论和情绪，通过各类不确定的媒体或渠道进行较为发散的酝酿和传播，并具有逐步向核心观点、主导媒体和主导舆情主题集中的趋势。

对于区域舆情监测部门而言，需要及早关注区域舆情状况，因此，一般需要在区域舆情演变的初期阶段及早发现特定主题区域舆情的发生和形成以及初期演变趋势，做好应对预案，以免在区域舆情继续发展带来更高的管理成本。

（二）区域舆情传播演变的中期阶段

区域舆情信息传播演变进入中期阶段以后，特定区域舆情主题已经明确形成，特定区域舆情也出现了基本一致的观点或意见倾向，特定区域舆情的情绪性方向也基本确立，特定区域舆情的信息传播集中到主要的传播媒体和传播渠道，特定区域舆情信息传播状况也主要受到主导舆情主体或信息源的引导。

当然，上述较为明确的区域舆情主题、观点或情绪也可能随着舆情信息量的增加、信息内容的变化而发生动态演变。

区域舆情传播演变的中期阶段是区域舆情演变的核心阶段，是特定主题区域舆情的标志性阶段，各个维度的特征指标一般都在这一阶段达到最高值，具有最强的舆情传播影响力，受到最多的关注度。

对于区域舆情监测管理部门而言，区域舆情传播演变的中期阶段是需要投入最多管理力量的阶段。在这一阶段，特定主题区域舆情已经形成，其管理和引导的难度增大，因此，需要随时跟进舆情发展趋势动态调整管理策略，以保障区域舆情管理目标的实现。

（三）区域舆情传播演变的后期阶段

区域舆情传播演变进入后期阶段以后，舆情主题一般不会再发生大的变化，主要特征是特定主题区域舆情传播的密度开始逐步下降、广度开始缩小、速度逐步下降、长度开始减少、力度开始逐步衰减。最终，特定主题区域舆情将归于消失。

对于区域舆情信息监测管理者而言，尽管在区域舆情传播演变的后期阶段，相关主题区域舆情信息传播综合强度指标已经衰减，但是，也需要随时监测其变化趋势，以免出现意外影响因素而出现波动和反复。

三、区域舆情传播演变的模式

区域舆情信息传播演变的模式是指区域舆情信息传播演变的多主题存在形

式，这类模式可以有多种类型，如独立主题区域舆情传播演变模式、叠加主题区域舆情传播演变模式、交叉主题区域舆情传播演变模式等。独立传播演变的区域舆情始终保持较为单一的舆情主题；叠加传播演变则会有多个主题区域舆情的相互影响、共同传播；交叉主题区域舆情传播演变模式则会有更加复杂的舆情主题存在状况，比如在一定时间段有独立的舆情主题传播，有的时间段则会衍生出相关的其他舆情主题交叉并行。

（一）独立主题区域舆情传播演变模式

独立主题区域舆情传播演变模式是指在特定主题区域舆情传播条件下，整个舆情发生、发展过程中，始终只有一个核心的区域舆情主题传播，舆情信息内容较为集中和独立，各类信息主体的关注点也未有发散的趋势，媒体信息渠道的关注度也始终集中在特定主题上。

（二）叠加主题区域舆情传播演变模式

叠加主题区域舆情传播演变模式是指在特定主题区域舆情传播条件下，在整个舆情发生、发展过程中，不仅仅只有一个核心的区域舆情主题传播，同时还伴随着其他一个或多个相关的区域舆情信息传播过程，这些舆情信息传播叠加并行，共同反映相关主题公众观点、评论、预期与情绪状况，舆情信息内容并非完全集中和独立，各类信息主体的关注点也具有多焦点的特征，媒体信息渠道的关注度也并非完全集中在一个独立的特定主题上。

（三）交叉主题区域舆情传播演变模式

交叉主题区域舆情传播演变模式是指在特定主题区域舆情传播条件下，在整个舆情发生、发展过程中，不仅仅只有一个核心的区域舆情主题传播，同时还伴随着其他一个或多个相关的区域舆情信息传播过程，但是与叠加主题区域舆情传播演变模式不同的是，这些舆情信息传播是交叉进行，即可能某些时间段只有一个相关主题的传播，在其他的时间段可能会出现其他相关主题的演变或叠加，但是这些交叉区域舆情会共同反映相关主题公众观点、评论、预期与情绪状况，舆情信息内容并非完全集中和独立而是相关交叉，各类信息主体的关注点也具有多焦点交叉的特征，媒体信息渠道的关注度也并非完全集中在一个独立的特定主题上而是相关交叉的特征。总之，交叉主题区域舆情传播演变模式是区域舆情传播演变模式中最为复杂的一种类型。

第三节 区域舆情影响区域经济运行的一般性分析

　　本节研究区域舆情在发生、发展过程中可能对微观领域里的区域市场、区域企业、区域投融资者、区域创新者等方面可能产生的影响及其作用机理；以及可能对宏观领域里的区域经济调控政策及其效果产生的影响以及作用机理。区域舆情在其自身发生、发展演变过程中，会对特定区域市场、区域企业、区域投融资者和区域创新者等微观领域的区域经济社会运行产生影响，甚至会对区域宏观经济运行产生影响，而这种影响都是需要着重研究和应对的内容。根据区域舆情发生、发展、传播、演变以及主要对象等方面的特征可以将其划分为区域事件舆情影响和区域话题舆情影响，其中区域事件舆情对区域市场、区域企业、区域投融资者和区域创新者等具有较为直接或微观的影响；区域话题舆情则对区域宏观经济运行有着更加广泛和深远的影响。该部分研究内容基于区域舆情的这种分类对其影响机理进行分析。

一、区域舆情影响区域经济运行的作用机理

　　区域舆情的产生、发展演变会对区域微观经济乃至整个区域宏观经济运行产生重要影响，这也正是区域舆情应当受到更多关注的主要原因。本研究首先对区域舆情影响区域经济运行的作用机理进行分析。根据区域舆情所对应的舆情对象类型的差异性，区域舆情可以分为区域事件舆情与区域形势趋势话题舆情。区域事件舆情针对区域经济运行中所发生的特定的和具体的事件尤其是突发事件，往往会更加具有特殊的针对性以及时效性和突发性，舆情短期影响力较强，任何相关事件的动态信息变化就会引起区域舆情的进一步不同幅度的波动，如区域价格水平、区域投资水平等经济指标的变化以及相应的政策调整，都会引发舆情波动以及相应的区域市场波动，区域相关数据的信息发布也会引起区域舆情变化以及对区域市场产生相应影响，投资市场的正式与非正式信息传播也会引发区域舆情波动以及相应的区域投资市场实际变化，以及区域地方管理机构、区域金融市场、区域金融机构、区域创新机构等舆情事件对相关机构、企业、银行、证券、创新部门等区域各主要市场主体产生的影响；区域经济形势与趋势话题舆情不因特定的区域事件引发，只是区域舆情主体根据各自的认知状况和各种基本信息对

未来区域经济运行形势与趋势做出各自的判断和预测，同时根据其判断和预测而出现的各种评论、观点等类型的舆情，如果特定的经济形势判断与经济运行趋势预测在区域舆情演变过程中趋于一致，就会出现特定的趋势性区域舆情，从而影响公众的消费与投资等主要经济行为预期，就会进而对区域经济运行的宏观趋势和区域市场、区域企业的微观运行产生影响。上述两种区域舆情类型对区域经济运行的作用机理存在一定的差异性。

（一）区域事件舆情影响区域经济运行的作用机理

本研究的区域事件是指在特定时间发生的能够引起区域舆情的相关事件，基于事件性质还可以进一步划分为区域政策和区域重大信息发布事件舆情以及区域市场和区域企业事件舆情两大类。

1. 区域政策和区域重大信息发布事件舆情及其影响区域经济运行的作用机理

区域政策和区域重大信息发布事件舆情是指由于区域政策调整和区域相关重大信息发布以及与特定区域相关的法律法规、规章制度的颁布、调整等而引起的舆情信息传播事件。这种区域政策、区域相关重大信息发布和重要法规颁布事件的发生所引起的舆情变化，使相关舆情主体的观点、评论和判断在舆情影响下发生变化，并逐步趋于认可舆情中的特定主要判断和意见趋势，这种舆情影响会改变区域市场主体的预期和区域经济活动主体的决策与行为方式，并进而影响区域经济运行。

2. 区域市场和区域企业与机构事件舆情及其影响区域经济运行的作用机理

特定区域市场和区域企业与机构事件舆情是指特定区域市场和区域企业与机构发生的，或与特定区域市场和区域企业与机构相关的事件引起的舆情信息传播事件。这类舆情信息传播事件又可以根据舆情发生对区域市场和区域企业与机构产生的影响为正面或负面而分为正面事件舆情与负面事件舆情两种类型。

（1）区域市场和区域企业与机构正面事件舆情作用机理。区域市场和区域企业与机构正面事件舆情，是指相关事件发生所引起的舆情信息传播对区域市场和区域企业与机构具有正面和积极影响的舆情。这类区域舆情信息传播能够提高相关区域市场、区域企业和机构的社会声誉，能够进一步增强其竞争力和影响力，对区域经济运行也能够起到稳定作用。

（2）区域市场和区域企业与机构负面事件舆情作用机理。区域市场和区域企业与机构负面事件舆情是指相关事件发生所引起的舆情信息传播对区域市场和区域企业与机构具有负面和消极影响的舆情。这类舆情信息的传播损害区域市场和区域企业与机构的社会声誉，有损区域经济赖以生存发展的经济与社会信用基础，从而具有诱发区域风险发生的可能性，是需要重点关注与管理的区域舆情信息传播。

（二）区域经济形势与趋势话题舆情影响区域经济运行的作用机理

区域话题舆情主要是有关区域经济运行形势与趋势的话题舆情，这一类区域舆情不针对区域事件舆情中各类特定区域事件的发生，而是各类舆情主体和公众基于各自的认知积累和信息资源，对于区域经济运行形势及未来发展趋势所做出的判断、发表的评论以及提出的观点，这些内容在舆情互动中相互影响。在各种舆情信息沟通交流过程中，假如观点比较一致，则会强化舆情主体对其各自观点的认识，更加强了其观点和判断；假如观点不一致，则会导致各自坚持自己的观点或其中一方接受另外一方的观点；假如这种舆情观点的沟通交流继续下去，就会重复上述过程；经过多轮的舆情信息观点沟通交流，通常的情况下，观点往往会趋于一致，并逐步演变形成较为主流的舆情观点，进而这一主流舆情观点就会进一步主导区域舆情信息传播，并影响实际的区域消费投资预期和区域经济运行。

二、区域事件舆情与区域舆情的微观作用机理

区域事件舆情对区域市场、区域企业与机构、区域投融资者和区域上市公司等区域微观经济主体有着较为直接或微观的影响。

区域舆情对区域企业或其他具有商业性经营活动的机构声誉有着重要影响，并会进一步影响区域企业或机构的经营效益和业务拓展。影响区域企业或机构等微观经济主体声誉的区域舆情主要有区域企业或机构一般性评价舆情和区域企业或机构事件舆情等类型，其对区域机构声誉的影响也具有一定差异性，本部分内容着重强调区域企业或机构事件舆情的影响。

区域企业或机构应基于声誉管理理论构建区域舆情监测、调查和分析研究机制，并充分重视和运用区域舆情信息营造良好的区域企业或机构声誉价值、防范舆情声誉风险尤其是突发性事件引起的舆情声誉风险。

传统街谈巷议的舆情信息传播模式以及传统报纸杂志、广播电视舆情信息传播模式的社会舆情影响力已经受到人们的普遍认识。随着经济社会和技术条件的发展，舆情酝酿和传播渠道早已超出了传统范围，伴随人们社交领域的扩展，计算机、互联网和通信技术的进步，舆情影响力正呈现日益增强的趋势。因此，当

一个具有偶然性和突发性的区域舆情风险事件发生时，通过各类舆情渠道的传播，会演变成需要重点应对管理的区域性风险。区域舆情成为区域民众意见表达、主导型意见形成、社会观点聚集的一种模式。因此，区域事件舆情日益受到区域政府、区域企业和区域学术界的关注，如何使区域事件舆情信息正确传播、发挥舆论的正确引导也成为各界关注的主题。作为以信用、信誉、声誉为基础的区域企业或商业性经营机构，尤其是类似商业银行这类存贷款区域性金融机构以及区域重点企业，更容易受到区域舆情的影响。如一些区域性金融或类金融机构的理财产品风险事件、投融资事件等区域舆情事件，都充分显示了社会舆情对区域企业或机构业务的影响。尤其是在区域企业或机构发生突发风险事件情况下，相关社会舆情会对区域企业或机构形成较大的声誉影响，甚至引发大范围关注的严重危机。作为商业声誉管理的一项重要内容，区域管理机构应督促区域企业或机构应重视并构建常态化的区域舆情调查、监测和分析研究记应对管理机制。因此，基于商业性区域企业或机构声誉管理，对区域事件舆情这一专业舆情领域进行系统研究具有重要的理论与管理实践意义。

区域性重点企业以及区域金融和类金融类型的商业性区域机构以信用、信誉和声誉作为其各项业务开展的基础性条件，是区域事件舆情影响区域企业或机构声誉的重点微观经济领域。对商业性区域企业或机构而言，区域事件舆情可以分为区域企业或机构事件信息传播舆情与区域企业或机构事件评价舆情两类，其影响区域机构的作用机理有所差异。

（一）区域企业与机构事件舆情的声誉作用机理

在区域企业与机构发生特定事件，尤其是在发生突发风险事件的状况下，相关区域舆情的受关注程度也会随之大大增加，同时，还会诱发相关区域企业与机构的声誉风险，区域舆情信息的传播速度也会伴随着关注度的提高而加快，区域舆情的传播范围也会随之扩展，如果缺乏相应有效的区域舆情应对管理措施，及时进行有针对性的声誉风险处置，甚至存在诱发区域投资减少、区域经济运行不稳定的状况。

（二）区域企业与机构评价舆情的声誉作用机理

区域企业与机构评价舆情是指有关区域企业与商业经营机构的综合竞争力、产品影响力、业务经营能力、业务经营效率、服务质量水平等的评价信息传播状况，相关概念包括区域、地域品牌形象等。主要包括基于专业评价的区域舆情和基于客户体验的区域舆情两大类型。

1. 基于专业评价的区域企业和机构舆情

一些专业的区域评价机构、评估机构、评级机构以及相关综合或专业媒体、区域研究的专家学者等会定期或不定期地进行城市或其他分类的区域综合竞争力、区域经济发展水平、区域品牌影响力、区域投资环境状况、区域创新能力等方面的评估或综合排名，这些机构或专家会通过建立专业评估模型、调研和数据收集整理、关联者访谈打分等方式形成对商业性区域企业或机构的评价、评级，并且会将其评估结果通过发布会、相关媒体专业报告等方式公布，之后便会形成有关的区域评价舆情传播。这种区域舆情会引导有关区域的评价、观点，并影响区域企业或机构的声誉，影响客户或潜在客户的区域选择，从而对相关区域企业或机构的实际经营业绩产生不同程度的影响。

2. 基于客户体验的区域企业或机构舆情

在客户与区域企业或机构的业务交往过程中，会不断积累客户在业务活动中的体验信息，这些信息在舆情沟通交流过程中会不断汇聚成较为一致性的舆情趋势，从而表现带有特定区域特征的企业或机构的声誉舆情。

三、区域话题舆情与区域舆情的宏观作用机理

区域话题舆情是指与特定区域相关的较为常态化、一般化主题的区域舆情信息传播，这类舆情并非由特定的区域事件引起，会在较长时期传播，具体的舆情内容也会因不同时期经济发展状况的变化而有所变化。这类舆情往往会对区域经济发展的宏观领域产生影响。本部分内容着重分析对区域舆情与区域价格水平和区域经济均衡化发展。

（一）区域消费品价格舆情与宏观经济稳定条件下的区域价格总水平

区域消费品价格具有与区域一般投资品价格不同的特征，对于区域价格运行状况而言，区域消费品价格舆情引起区域价格总水平波动的可能性更大，基于区域消费品价格舆情的投机行为可能会引起区域性居民消费品价格上行。由于消费品具备需求刚性特征，区域居民往往只能被动地接受价格的上涨，在没有区域收入整体水平增长进行弥补的条件下，区域居民将只能通过动用储蓄部分进行消费补充，从而导致区域消费品价格上涨的舆情信息传播得到支撑。另外，区域价格投机资金的投机行为与居民动用储蓄进行消费的行为，共同推动和支撑了消费品

价格上涨舆情的进一步扩散，从而可能引起区域价格水平普遍上涨。这一区域价格水平的波动过程始终伴随着区域价格舆情是价格实际状况的互动，进而影响区域宏观经济的整体运行。

区域价格总体水平是区域经济快速发展过程中区域地方政府和相关经济管理管理部门需要重点关注的宏观经济指标。对于区域价格总水平的形成机制有着多方面的理论解释。传统的价格理论认为价格水平的普遍性上涨有其来自实体经济需求与供给方面的内在原因，比如当区域范围内经济处于潜在产出水平之上的需求增长就会导致一定程度区域价格水平上涨，或者在没有需求增加条件下的区域内供给成本提高也会导致价格水平的上涨（Samuelson and Nordhaus，1948），其中由成本上涨原因引起的区域价格总水平上涨包括由工资上涨、原材料涨价、各项生产费用提高和利润要求提高等细分类型，又被称为价格调整型（Berle and Means，1932）。一些经济学者认为实体经济外部的因素变化（如开放经济中国内外货币政策调整等宏观经济因素）也会是引起区域价格总水平变化的原因（Friedman，1970；Lucas and Sargent，1981）。此外，一些经济学者还提出了结构性区域价格水平变化的形成机理，这些学者认为经济中的结构性变化也能引起区域物价水平的普遍上涨（Baumol，1967）。新兴经济体经济发展过程中价格投机行为较为活跃，各类型资金不断积累，并不断寻找和创造投资机会，使得各区域不同程度都面临价格水平波动的形势，引起区域价格水平波动具有多方面的复杂原因。区域范围内的价格接受型投机行为与价格操纵型投机行为都有可能引发区域价格水平波动。区域价格投机行为如果从传统投资品领域发展到传统消费品领域就增加了引发区域价格水平总体波动的可能性。因此，本研究将从消费品价格舆情的角度分析区域价格总水平波动的形成机制，进行基本的理论分析。

1. 区域消费品价格舆情与宏观经济运行稳定条件下区域价格总水平形成机制的理论假设

（1）区域消费品价格舆情、区域居民刚性需求及区域价格水平波动。

首先是有关区域价格投机、投资品价格投机与消费品价格舆情的分析。

市场经济环境中不断进行着各种类型以增加收益、获取利润为目标的交易活动，本研究将主要的市场交易行为分为实际交易行为和投机交易行为。实际交易行为是指以出售商品、服务以及获得商品、服务为目的的交易和盈利模式，又可以称之为实体交易活动。投机交易行为是指以资金运作为目的的交易活动和盈利模式，包括了规范标准化的金融证券交易活动和一般的商品与服务价格投机行为，本研究这里假设投机具有投资的含义。本研究认为无论实际交易行为还是投机交易行为都会受到区域消费品价格舆情的影响，并影响大众预期，进而影响实际的区域价格水平，从而体现区域舆情对区域价格总体水平的影响和区域宏观经济运行的影响。

区域市场交易的投机模式其动机基于价格的变化，因而又可以被认为是价格投机。区域价格投机行为可以包括基于投资获利目标且接受市场价格为原则的市场行为，可以称为价格接受的投机行为；以及基于投资获利目标，但会进行区域市场价格干预的市场行为，可以称为价格影响的投机行为。价格接受的投机行为往往在前期会受到区域价格舆情的影响，后期则具有通过影响区域价格舆情实现盈利的动机；价格影响的投机行为则会主动运用区域舆情影响力，从而推动区域价格水平的变化，实现盈利目标。总之，这两类区域市场交易的投机行为都会与区域价格舆情发生关联，从而相互影响。

区域价格投机可以有规范的、标准化的区域投资市场与区域投资产品；也可以有随时产生的、自发的区域投资市场与区域投资品种。区域资金积累为区域价格投机与价格影响提供了资金基础。正规区域投资市场或区域投资产品的缺乏使得投资者自发搜索和发现价格投机机会成为必然选择。区域价格投机行为通常都会选择特定的区域投资目标，一般情况下大多选择投资品作为投资目标，这主要是因为一般的投资产品都具有易保存、流动性强、数量大、计量标准化等易于投机交易的特征；而一般消费品则相反，具有不易保存、价值不稳定等特征，并不适合作为投机交易品种。但是，随着技术条件的提升、交易便利化安排的优化，在资金投机运作情况下，一些特定类型的大宗消费品就具有了成为投机交易对象的可能。但是，消费品投资化有着不同于投资品的特征。在这一选择过程中，消费品投资化将伴随与消费品价格舆情的互动，即消费品投资化导致消费品价格异常波动，相关消费品价格波动舆情信息传播进一步推动消费品价格的异常波动。

其次是有关区域消费品的刚性需求特征、区域消费品投资化的舆情影响及其价格波动的分析。

在区域消费品的刚性需求特征及其价格波动方面。区域消费品需求具有与投资品不同的特征。区域投资品需求会根据盈利水平的变化进行调整，从而其价格变化受到区域企业盈利水平的制约，会在特定的区间运行；区域消费品尤其是在区域经济消费品结构中占据较大比重的生活必需品，往往具有需求刚性的特征，其消费数量不会因为价格的变化而发生较大幅度的变化。因而，区域消费品需求对区域价格波动尤其是区域价格总体水平上涨具有较大的抑制力。

在消费品投资化的舆情影响方面。对一般居民而言消费品具有不易长期保存或保存成本较高、贬值风险较大等特征。消费品价格上涨的舆情可能由专业投资者或投机者传播、推动。这些投资者具备一定期间的消费品保存专业能力和成本承担能力，并且掌握消费品投资化的交易、盈利模式。因而，投机者的投机炒作行为能够引发消费品价格上涨的舆情信息传播。

区域消费品投资化所产生的相应风险承担机制也与一般投资品有所不同。投资品风险由企业与价格投机者进行风险分担；然而，消费品投资风险则会由区域消费者与价格投机者进行风险分担。

此外，区域消费品投资化引发区域价格总水平波动的内在机制也与区域投资品有所不同。区域投资品价格投机条件下，其导致的区域价格水平上涨具有更长的区域传导链条，受到更多环节的抑制和缓冲，因此，会受到更多的条件限制。

（2）区域宏观经济运行稳定、区域居民储蓄变化与区域价格总水平波动的形成。

对于区域价格总水平形成的各种理论解释中，有相当一部分学者认为价格水平是受货币因素影响（Friedman，1970）。然而，对于特定区域而言，当货币影响因素基本稳定情况下发生区域价格总体水平上涨时，这种理论便不适合用于解释区域价格总水平的波动。虽然可以从实体经济供给与需求状况方面寻找其他原因，或者是运用结构性价格水平变化的理论分析思路，但是，本研究认为现有理论尚较少从区域居民储蓄变化的角度对区域价格总水平的形成机理进行分析研究，因此，本书将从这一思路进行理论分析。

作为区域经济运行基本经济条件变量的金融供给水平是理论中的区域资金初始供给，但并不是一般意义上区域流通中的资金水平，特别需要注意的是，这并不是投入到本研究所界定的区域实际交易或者投机交易活动中的资金。进入交易状态的区域内资金量不仅要受到区域初始货币资金总量的影响，而且还会受到区域投资与区域消费倾向、区域经济环境中资金周转速度等更多条件的影响。在此，本研究重点关注区域消费倾向对进入区域交易资金量的影响。

如果在特定时期，区域居民消费所需资金量增加，同时假设同期区域资金供应量、区域居民收入、区域资金周转速度都没有相应的增加，那么区域居民仍然可以通过动用其储蓄存款的方式增加消费。这种动用储蓄的消费方式，同样能够发挥增加区域交易状态资金量的功能。

考虑特定的经济快速发展时期，资金积累速度快以及投机资金搜寻投机交易机会的活动异常活跃，区域消费品有成为区域资金投机目标的可能。在这种条件下，由于投机交易活动而非实际交易活动或实际供求关系的快速变化，区域消费品价格舆情就有可能发生并且快速传播。根据本研究前述对区域消费品需求刚性的基本认识，区域居民将通过动用其储蓄存款的方式增加资金的投入，从而支撑了消费品价格上涨相关舆情信息的进一步传播，从而可能引起区域消费品价格的实际上涨，甚至引起区域价格总水平的普遍变化。

（3）区域消费品价格舆情影响的基本理论分析。

本研究认为与区域消费品价格舆情相关的投机性交易活动有着与一般投资品价格投机不同的特征。区域消费品价格舆情更加具有引发区域价格总体水平波动的可能性。因此，本研究构建了区域消费品价格舆情及相应的价格投机行为引发区域价格总体水平波动的机理分析理论假设：区域消费品价格舆情以及相关的价格投机行为可能引发区域居民消费品价格波动的舆情信息传播；基于区域消费品具有需求刚性的特征认识，区域居民可能只有接受区域消费品价格的变化，在假设收入增长没有进行相应补充的条件下，区域居民将通过动用储蓄存款的方式进行消费，这就对于区域消费品价格波动的舆情起了支撑作用；区域投机资金的价格投机行为与区域居民动用储蓄存款的行为共同推动和支撑了区域消费品价格波动的舆情信息传播，进而引起区域价格总体水平的波动。

2. 区域消费品价格舆情与区域资金供应量稳定条件下区域价格总水平形成机制的例证分析

（1）区域消费品供求关系变化与区域消费品价格舆情变化例证分析。

以区域农产品价格为例，近年以农产品为代表的区域消费品价格呈现波动趋势，相应的区域农产品价格舆情也是区域居民较为关注的区域舆情。特别是近年特定期间一些农产品短期的快速上涨，如绿豆、大蒜、生姜等传统品种农产品均出现过价格快速上涨的情况，因而出现了"豆你玩""蒜你狠""姜你军"等区域农产品价格舆情。这些区域舆情短时间的快速传播进一步推动了农产品价格的波动加剧。

（2）区域消费品供求关系变化与区域消费品价格舆情例证分析的基本结论。

基于上述分析，可以发现近年来以农产品为主的部分区域消费品价格舆情与区域消费品价格之间的互动关系，具有较为明显的相关影响。区域相关机构也都会采取相应措施对区域消费品价格舆情状况进行稳定，然而区域消费品的刚性需求特征又使得区域居民动用储蓄存款进行消费，从而引起区域消费品价格整体水平出现波动。

3. 区域消费品价格舆情影响区域价格总水平的分析总结

根据上述理论与例证分析，本研究认为在经济发展的特定阶段，区域价格投机行为呈现较为活跃的总体特征。在这种情况下，区域价格舆情尤其是区域消费品价格舆情对于区域价格总水平和区域宏观经济运行都会产生不同程度的影响。

区域价格投机的对象选择出现从传统投资品向区域农产品等消费品领域扩展的现象。由于区域消费品具有需求刚性特征，因而在区域居民收入没有大的变化情况下，区域消费者将通过动用其储蓄存款的方式进行消费。区域消费品价格舆情及其投机行为与区域居民动用储蓄存款消费行为，共同引起区域价格总水平的普遍性波动。这种区域市场现象如果完全依靠区域市场自发调节往往会有较长的时间周期，并产生较高的社会成本，因此，如果能够建立相应的区域价格舆情监测机制和区域价格投机管理机制，实施区域价格及其舆情异常波动的监测管理，则能够以更低的成本避免区域市场秩序的失衡。针对区域价格舆情及其投机行为和区域价格异常波动的监测管理机制包括区域价格舆情监测管理机构职责的界定、区域价格舆情管理机构的干预措施预案等。

（二）区域经济发展水平差异化舆情信息传播与区域均衡化发展

各区域经济发展舆情是区域经济发展状况的舆情反映，总体体现各类舆情主体对特定区域经济发展状况、发展水平的总体评价，能够影响企业、个人等各类投资主体的投资区域选择以及居民、消费者的区域性消费选择以及区域迁移的区域选择与决策。区域经济社会均衡发展是区域经济社会协调发展的目标，区域经济发展舆情有助于区域经济均衡化发展，是区域经济发展状况舆情目标体系的构成要素，但是，区域经济社会差异化是一种常态，体现区域经济社会差异化发展的均衡状态应是更为现实的状况和区域经济社会发展规模目标。因此，能够体现区域经济社会发展差异化的舆情信息传播有助于实现区域间经济社会发展的差异化均衡目标。

各区域间在自然条件、地理位置、文化特征、社会习俗等方面存在自然的差异性，同时，个人在学习、工作、生活等方面进行区域选择时，具有自然的个体偏好差异性，这些因素在进行区域间经济发展状况对比时，需要做更加充分的分析。因此，在规划区域间经济社会均衡化发展的过程中，不仅要考虑人均 GDP、人均收入等经济指标的均衡，还需要纳入自然条件、特定环境、地理位置、生活习俗、文化特色以及居民偏好等反映区域间差异化的因素指标。这些指标在区域经济社会发展中同样发挥者重要的作用，并能够在区域经济社会发展中体现差异化均衡。因此，应引导区域舆情信息传播更多反映区域间的特色和差异化因素，改变传统区域经济社会发展指标的均衡化概念。通过区域间差异化发展舆情的传播，帮助改变单纯追求 GDP 均衡化的区域发展目标，更多关注发挥各个区域特色优势。

各个区域经济社会均衡发展是宏观经济长期、稳定运行的一项重要目标。区域经济发展的均衡化水平通常使用人均 GDP、人均收入等传统经济指标来衡量，区域经济发展均衡化程度的区域舆情也通常反映这些常用指标。但是，区域间由于自然条件、地域条件、地理位置、文化特征等方面的差异性，会形成区域发展要素成本等方面的自然差异，在没有大的人口变化条件下，人均收入等传统衡量区域经济发展均衡水平的指标也会存在常态化差异，这也是通常区域舆情信息传播中所反映的区域发展水平差异。因此，需要将一系列特定区域的特色优势条件更多地通过区域舆情信息传播渠道进行反映，吸引对于区域特色优势的关注，帮助实现有差异的区域间经济社会发展均衡。

1. 区域舆情与区域经济发展均衡

（1）区域舆情、要素流动与区域经济发展均衡。

首先，分析区域舆情、区域要素流动性与区域经济发展均衡的相关概念。区域经济发展均衡化状况舆情与区域要素流动性状况有着密切的联系。关于区域要素流动性与区域经济发展均衡化水平存在着不同的观点。如索罗和斯旺（Solow and Swan，1956）与威廉姆森（Wiliamson，1956）的新古典经济学区域均衡观点，他们认为在市场经济环境下区域间要素的完全流动性能够促进区域间经济发展水平最终实现均衡化。缪尔达尔（Myrdal，1957）和赫希曼（Hirschman，1958）则有着不同的认识，他们认为市场力量会促使各类要素的区域集聚，从而使得区域间经济发展更加不均衡，只有通过必要的公共管理干预措施才有可能实现区域间经济发展状况的均衡化。张世晓（2006；2008）的研究认为在理想化的市场经济条件下，各类要素会按照市场经济规律进行区域间的流动，并能够实现区域间经济发展状况的均衡化，但是，区域经济的发展是一个动态化的过程，区域经济发展均衡化的实现也存在着常态化的流动性摩擦因素影响，导致均衡化实现的时滞，因而，基于这一理论分析，在现实中区域经济发展即便在理想条件下也会常态化地表现出非均衡的状态。本研究认为，在区域要素流动和区域经济发展实现均衡化的过程中，区域舆情起到要素流动信息传播、要素流动引导的重要作用，要素流动往往在很大程度上受到区域舆情状况的影响。

其次，分析区域舆情、区域要素流动障碍与区域经济发展的非均衡。张世晓（2006；2008）认为在区域要素具有较为充分的流动性理论背景下，区域经济能够在市场经济力量驱使下实现均衡化，但是，区域要素的流动性会受到多方面流动性摩擦因素的影响，并且这些区域要素流动性摩擦通常是不易在短期内得以消除的，因此，区域间经济的非均衡化将是一种常态。区域舆情所反映的区域差异性将长期存在，区域舆情信息传播同样成为区域间要素流动的重要影响因素。区域间要素流动性摩擦及其在区域舆情领域里的主要反映包括以下方面。

在区域舆情引起区域要素流动的时间方面。当能够引起区域要素流动的相关舆情因素变化出现的时候，区域舆情信息传播过程需要一定的时间，区域要素流动也并非能够立即实现,通常都需要不同时间长度的时间延续或时滞。在要素流动的时间延续期或时滞期,就存在着区域间的不均衡现实状态。

在区域舆情引起区域要素流动的非连续性方面。区域舆情信息传播过程中,引起区域要素的流动呈现非连续性特征,伴随区域舆情信息传播的逐步,区域要素流动也有一个逐步演进的过程,之后才会发生整体性、结构性迁移,比如汽车制造业的区域迁移,需要大规模整体搬迁,甚至需要相关配套企业共同迁移。这种规模化、整体性的区域要素流动,就需要相关的区域要素流动动因舆情信息传播积累到一定程度,能够达到促使规模化迁移的程度,然而在此之前将表现为区域间的差异性。

在区域舆情引起区域要素流动的成本方面。区域要素流动或区域之间的要素迁移,要求区域要素迁移主体付出各类相应的迁移成本,比如人员差旅、设备拆迁、物资运输、厂房建设等,此外,还需要各类人员适应新的工作环境的学习成本、融入新的管理体系的融入成本等。这些成本付出有时会超出区域要素流动所带来的收益提高幅度,从而成为阻碍区域间要素流动性的影响因素,也成为区域间差异性存在的原因。

在区域舆情引起区域要素流动的区域地方保护影响因素方面。这一类因素属于区域间要素流动的管理性障碍。区域间可能会由于各自利益保护的原因,不希望区域内的资源外流,会设置各种形式的区域间要素资源流动性障碍。但是,区域舆情也会反映特定区域的管理特征,对特定区域吸引资源流入形成不利的舆情信息形势,这种区域舆情也成为区域间设置要素流动性障碍的制约因素。

(2)区域舆情、区域发展隐性指标与区域经济发展均衡。

本研究的以上分析涉及了区域舆情影响区域经济发展非均衡的常见形式,也就是由于区域舆情信息传播之下形成区域要素流动障碍,这种区域要素流动性障碍的存在造成了区域经济发展非均衡。事实上,如果这种区域间要素流动性障碍不存在,区域经济发展的非均衡仍然有可能存在,本研究将进一步分析通常被忽视而未被量化或难以量化的区域特征指标变量,以及同样难以量化的区域居民个体偏好变量,本研究将其统称为区域特征的隐性变量。

首先,分析区域要素特征隐性变量。区域隐性要素特征变量包括特定区域的自然条件、环境条件、区位条件、地理条件等难以市场化的特定区域专属公共资源变量。由于这些区域要素属于特定区域公共资源,没有市场交易价格,因而没有以货币形式进行计量,也没有在区域经济发展比较中体现。这种区域要素特征隐性变量虽然在区域舆情信息传播中有所体现,但往往未被量化计算,所以,往往不会在正规化的统计数据中表现出来,更多是以软信息的形式存在。因此,需要更加充分发挥区域舆情的信息传播作用，体现区域要素资源特色和优势。

其次，分析区域居民个人偏好隐性变量。区域居民个人偏好隐性变量，是有关于个体生活方式选择偏好与生活环境选择偏好等所形成的区域个人偏好效用函数，比如区域居民个人基于对休闲方式、安静程度、环境状况、生活节奏、生活方式、传统习俗等的偏好所形成的各自对区域的选择。由于区域舆情综合反映区域特征，因此，居民个人的这类选择的倾向性也在很大程度上受到区域舆情信息传播的影响。

2. 区域舆情与区域经济发展的差异化均衡

（1）区域舆情与区域经济发展均衡化分析。

首先，区域舆情与区域经济社会发展均衡化的收入指标分析。通常用于衡量区域经济发展水平的方法多采用区域人均 GDP、区域人均收入等常用指标，通过这些指标的区域间比较，衡量区域间经济发展水平的均衡化状况。区域舆情信息传播中，也多体现各个区域间这些指标之间的差异性。但是，事实上这些传统的常用指标却无法全面体现区域间的各类特征差异，比如区域所处的地理位置、地理条件、自然条件、气候条件、生物特征、文化历史、风俗习惯等等，这些区域性差异属于特定区域的特征，通常无法迁移和轻易改变。因此，如果仅仅依照传统指标比较区域间人均 GDP、人均收入等指标的均衡化水平，往往就会出现单纯追求区域间传统经济指标绝对均衡的状况，会在一定程度上限制区域优势的发挥和特色资源的有效利用。本研究认为应引导区域舆情更多关注区域特色资源和优势要素，使得区域舆情信息传播有助于实现区域间的差异化均衡而非传统指标的绝对均衡。

其次，区域舆情与区域经济社会发展均衡化的效用指标分析。在前述区域特征条件下，如特定区域位置、地理条件、自然条件、气候条件、生物特征、文化历史、风俗习惯、个人偏好等因素无法以传统生产性、收入性指标形式计算，所以，本研究认为使用各类区域因素所带来的效用指标，对区域经济社会发展状况及其均衡化水平进行度量和比较会更加具有实际意义，并且效用差异性水平也可以通过区域间对比的形式进行排序方式的量化。在区域舆情信息传播过程中，也会常常见到对比排序形式的区域间比较，而非对每个区域水平进行绝对值的量化评价，因此，本研究认为可以借助于区域舆情对各个区域进行排序方式的量化评价，且具有更好的可操作性。

（2）区域舆情与基于效用标准的区域经济发展差异化均衡。

如果区域舆情充分反映的区域差异性，本研究认为就需要在理论分析中充分认识各个区域的特有资源或要素价值。假设有特定区域的名义货币收入，以及扣除了区域物价水平差异化因素后的区域真实货币收入。另外，存在基于特定区域的不可替代、不可迁移性特征所带来的为区域性收入，比如地理位置优势价值、自然环境优势价值、自然资源优势价值、区域历史文化优势价值等。区域的货币化收入与区域性收入分别带来区域的货币化效用与区域性效用，以及相应的基于区域性效用的区域地理位置效用、区域自然环境效用、区域自然资源效用和区域文化效用等。区域性效用具有区域个体选择性偏好特征，因此会基于区域个体偏好而具有相对性价值，甚至可以为正值，也可以为负值。

如果 A 区域的货币性收入与 A 区域的区域性收入分别形成的 A 区域的货币性效用和 A 区域的区域性效用；B 区域的货币性收入与 B 区域的区域性收入分别形成 B 区域的货币性效用和 B 区域的区域性效用。于是，在区域舆情影响下，本研究所分析的区域经济发展差异化均衡可以表述如下：

$$A 区域的货币性效用 + A 区域的区域性效用 = B 区域的货币性效用 \\ + B 区域的区域性效用$$

即使 A 区域和 B 区域没有实现传统指标意义上货币性收入的区域均衡（A 区域的名义货币收入 = B 区域的名义货币收入或 A 区域的真实货币收入 = B 区域的真实货币收入），但是，也可能由于区域间物价水平、区域特征、区域居民个人偏好等因素的影响，仍然有可能实现区域均衡。因此，本研究认为在分析比较和衡量区域经济发展均衡化状况时，需要纳入区域性特征因素，而不只分析货币指标意义的区域经济发展绝对均衡。在这一过程中，区域舆情对于传播区域间特征性差异具有较为关键的作用。

（3）区域舆情与区域经济发展差异化均衡的市场演化过程分析。

假设区域间发生了或存在着经济发展的非均衡状况，则这一状况会反映在区域舆情方面，在市场自然规律作用下，伴随要素流动，并且充分考虑区域间的差异性，区域经济发展的差异化均衡进行逐步的演化，进而实现区域间的差异化均衡。在这一过程中区域舆情发挥着信息传播和区域间要素流动的引导作用。

首先，进行区域舆情与区域间名义货币收入非均衡时的差异化均衡演化过程分析。假设 A 区域的名义货币收入大于 B 区域的名义货币收入，并且有区域间其他收入形式均衡条件下，区域间出现非均衡状况。这时，区域舆情会根据区域间收入差距幅度得到不同强度的传播，则在区域舆情信息传播的影响下，区域间的劳动力要素会选择从低收入的 B 区域流向高收入的 A 区域，使 B 区域的劳动力供给减少，同时 A 区域的劳动力供给增加，这种变化趋势使得 B 区域的劳动力收入水平增加，同时，A 区域劳动力收入水平下降，这一变化过程将一直持续到两个区域间的名义货币收入水平相等为止，从而在区域舆情的信息传播作用影响下实现区域间的收入均衡。

本研究的上述分析有一个基本的假设条件，也即存在其他收入形式的均衡，即假设区域物价水平、区域自然环境、区域生活节奏、区域文化习俗乃至区域居民个人偏好等区域特征条件无显著差异，这一假设条件的含义也可以解释为区域间名义货币收入非均衡时，区域间的差异化均衡过程可以通过区域物价水平、区域自然环境、区域生活节奏、区域文化习俗乃至区域居民个人偏好等区域特征条件的改变来实现，区域均衡化过程中其他可迁移要素的流动与区域间劳动力要素的流动过程相似。这一均衡化过程中，区域舆情发挥着信息传播和区域间要素流动引导的作用。

其次，进行区域舆情与区域间真实货币收入非均衡时的差异化均衡演化过程分析。假设 A 区域的真实货币收入大于 B 区域的真实货币收入，且其他收入形式均衡条件下，区域间就会出现经济发展非均衡状况。此时，这种非均衡状况会引起区域舆情话题信息传播，将这一非均衡状况的信息传播出去，区域间的劳动力要素就会选择从低收入的 B 区域流向高收入的 A 区域。这种要素区域间流动就会使得 B 区域的劳动力供给减少，同时 A 区域的劳动力供给增加；这种变化又会使得 B 区域的劳动力收入水平增加，同时 A 区域劳动力收入水平下降，这一演化过程将会一直持续到 A 区域的真实货币收入与 B 区域的真实货币收入相等时为止，从而实现区域间收入的均衡化。

本研究的上述分析仍然有一个基本假设条件，即假设其他收入形式均衡，即假设区域物价水平、区域自然环境、区域生活节奏、区域文化倾向乃至区域居民个人偏好等区域特征条件无显著差异，这一假设条件的含义也可以解释为区域间真实货币收入非均衡时，区域间的差异化均衡过程可以通过区域物价水平、区域自然环境、区域生活节奏、区域文化习俗乃至区域居民个人偏好等区域特征条件的改变来实现，区域均衡化过程中其他可迁移要素的流动与区域间劳动力要素的流动过程相似。这一均衡化过程中，区域舆情发挥着信息传播和区域间要素流动引导的作用。

（4）区域舆情与区域间差异化均衡标准条件下的区域要素流动障碍与区域间非均衡。

虽然本研究考虑了一系列非货币计量因素和区域特征条件，对于区域间经济发展均衡化有了新的衡量和认识，即本研究所界定的区域间差异化均衡的衡量标准，但是，由于存在区域间包括区域舆情信息在内的各种不同类型的要素流动性障碍，区域间的经济发展均衡仍然只是一种理想化状态，而区域间经济发展非均衡可能仍然是一种常态。比如由于区域舆情信息传播的信息源、传播渠道和情绪化因素等，使得区域舆情信息未必能够准确、及时、高效地反映区域经济发展状况和区域特色优势条件，会为区域要素流动造成误导。因此，本研究认为应尽可能缩小区域间的非均衡状态，而要实现这一目标，必须加速要素流动和消除要素流动的各类型障碍。从本研究所关注的角度，需要有效引导和充分发挥区域舆情的信息传播作用，使得各区域充分认识各自的要素特色和优势条件。

3. 区域舆情与区域经济差异化均衡发展策略分析

区域舆情与区域经济发展均衡化面临多种模式上的选择，通过区域舆情的信息传播作用可以充分发挥区域差异化均衡策略的优势。在区域舆情引导区域差异化均衡发展中需要注重如下三个方面的策略选择。

（1）充分发挥区域舆情的信息传播作用，在区域经济发展过程中，充分传播区域比较优势和要素特色方面的信息。尤其是要通过区域舆情信息传播功能，宣传特定区域在区域地域地理条件、区域自然条件、区域气候条件、区域动植物条件、区域文化历史条件、区域消费习惯等方面的优势，发挥区域优势，错位竞争。

（2）度量或考核区域经济发展均衡化过程中，可以充分关注区域舆情信息对特定区域的评价，注重区域间的差异化因素。发挥区域舆情功能，对区域地方政府经济发展策略实施差异化发展导向。本研究提出了衡量区域均衡的差异化思路，可以在对比区域发展均衡水平时，不仅衡量货币收入水平，也应通过分析区域舆情的关注领域，将区域物价水平、区域地理、区域自然环境、区域文化以及区域个人偏好纳入影响因素的范围，综合分析区域均衡化水平，同时，对于较多因素的分析会使得区域均衡水平研究和量化更为复杂，需要更多更进一步的深入研究工作。

（3）发挥区域舆情作用，消除区域间要素流动性障碍，是实现区域经济发展差异化均衡的策略选择。本研究提出了区域间要素无障碍流动的假设，但是，现实中通常存在着区域要素流动的时滞、区域要素流动的非连续性、区域要素流动的成本、区域地方保护等区域要素流动性障碍，即便本研究以差异化均衡的思路度量区域经济发展水平，如果未消除区域间要素流动性障碍，则区域经济发展的非均衡状况将仍然是一种常态。因此，本研究认为应选择充分发挥区域舆情的信息传播作用，消除区域间要素流动性障碍，从而帮助实现区域间经济发展的差异化均衡。

综上所述，本研究认为，通过区域舆情的信息传播作用引导区域经济发展差异化均衡的实现既要根据区域经济发展现实进行策略选择，又应当适当引导和运用区域舆情的信息传播作用。

第四章

区域舆情的监测与管理一般性分析

　　本章分析区域舆情监管机构以及区域经济管理机构、区域投资管理机构建立相关区域舆情管理机制，开展区域舆情信息收集、区域舆情监测，包括区域舆情信息收集与监测的模式、渠道、方式方法、机构设置与功能关系、基本管理流程与协调机制等内容。

　　区域舆情源自居民大众对于特定区域事件或区域经济运行形势趋势所发表的评论、观点和意见，能够通过一定的作用机理对实际的区域市场、区域企业和机构甚至区域经济运行产生实际的影响作用。因此，基于维护区域市场、区域企业和机构以及区域宏观经济运行秩序的管理目标，需要区域经济管理机构对区域舆情进行调查监测与管理。

　　根据目前的区域舆情信息来源状况以及区域舆情信息收集监测特征，应该主要构建传统区域舆情信息传播渠道和互联网区域舆情信息渠道两种类型的区域舆情信息调查、收集、监测机制。其中传统信息传播渠道的区域舆情信息收集与监测主要包括了传统媒体中的报纸、期刊、广播、电视以及通过调查问卷等形式收集区域舆情信息；互联网信息传播渠道的区域舆情信息收集监测可以采用专业的互联网舆情收集监测系统进行，具有不同于传统模式的特定方式。

第一节 区域舆情信息收集与监测基本模式

一、区域舆情信息收集与监测基本模式类型

根据区域舆情信息收集与监测管理机构实施区域舆情管理相对于区域舆情信息发生的主动性不同，区域舆情信息管理机构收集和监测区域舆情信息的模式可以分为被动的区域舆情监测模式与主动的区域舆情调查模式两种。

（一）被动的区域舆情监测模式

被动的区域舆情监测模式是最为基本和常见的区域舆情信息收集与监测基本模式类型，在这种模型下，区域舆情信息收集与监测管理机构建立区域舆情信息收集的人员、机构、计算机和通信技术软硬件系统等，对已经发生的区域舆情进行信息获取，不影响或者最小化地影响区域舆情信息发生者，只是通过各类技术方法被动接收区域舆情信息，并不特别显示区域舆情监测者的身份和信息收集运用的目标。

（二）主动的区域舆情监测模式

主动的区域舆情调查模式在实践中也在越来越广泛地被运用，在这种模型下，区域舆情信息收集与监测管理机构通过特定的技术方法设计问卷，有倾向性、选择性甚至引导性地获取相关区域舆情信息，在这一模式的区域舆情信息收集、监测过程中，区域舆情信息调查监测者主动显示其身份，有目标性地获取区域舆情信息，针对性较强，但是，也有可能在信息收集、监测过程中对区域舆情信息发生者本身产生了影响。

被动的区域舆情监测模式和主动的区域舆情监测模式各有优势和作用，在实践中往往并不相互排斥选择其一，而往往是相互补充、协调，共同运用和发挥作用。

二、区域舆情信息收集与监测的管理主体

本研究所分析的区域舆情调查监测与管理的主体指区域相关管理机构，如区

域经济管理部门、区域投资管理部门、区域创新管理部门或统一的区域舆情监测管理协调部门。可以由区域管理机构各自根据业务范围和特点建立各自的监测调查系统，也可以由各个机构部门协调共建共享平台机制。

（一）区域经济管理部门

区域经济管理部门负责区域经济发展的宏观总体规划、协调管理。区域舆情可以帮助提供区域宏观经济发展状况的区域舆情信息反映；也可以通过区域舆情信息渠道发布区域宏观经济发展实际状况，增强区域经济主体的信心和预期。因此，区域舆情对于区域经济管理部门有着重要的信息管理意义，从而区域经济管理部门可以成为区域舆情监测管理的主要主体。

（二）区域投资管理部门

区域投资管理部门负责引导和协调区域投资发展，为区域内已有投资提供服务，吸引外部投资要素资源向区域内部流动。区域投资是区域经济发展的重要推动力量，留住已有投资和吸引新的投资是促进区域经济发展的主要措施。区域舆情能够提供区域投资环境状况的客观信息，帮助调整优化区域投资环境；通过区域舆情渠道发布区域投资环境的优势条件信息和特色要素资源信息，帮助传播有利于区域投资发展的信息。因此，区域舆情是区域投资管理部门实施区域投资管理的重要工作渠道，区域投资管理部门也自然成为区域舆情管理的重要主体。

（三）区域创新管理部门

区域创新管理部门负责引导各类创新资源的集聚、协调各类区域创新活动的开展，为区域内已有的创新活动提供服务，吸引外部创新要素资源向区域内部流动，形成区域创新集聚中心。区域创新是区域经济未来可持续发展和经济结构转型升级的重要推动力量，留住已有创新资源和吸引新的创新资源是促进区域经济创新发展的重要措施。区域舆情能够提供区域创新环境状况的客观信息，帮助调整优化区域创新环境；通过区域舆情渠道发布区域创新环境的优势条件信息和特色要素资源信息，帮助传播有利于区域创新发展的信息。因此，区域舆情是区域创新管理部门实施区域创新管理的重要工作渠道，区域创新管理部门也自然成为区域舆情管理的重要主体。

（四） 统一的区域舆情监测管理协调部门

区域舆情管理虽然具有各个不同领域、不同类型，但是，这些领域和类型的舆情管理具有一系列共通性，如果能够建立各个不同部门统一协调的区域舆情监测管理部门和相应机制，则能够在很大程度上节约资源、提高效率。比如建立区域舆情信息资源共享的协调机制，通过构建区域舆情信息共享平台，集中各个部门的区域舆情信息调查、监测资源和力量，共享信息；构建区域舆情信息引导协调机制，统一协调各部门信息发布，避免信息发布的矛盾、时滞或重复等情况，提高信息发布效率。

第二节　区域舆情信息收集与监测方式方法

一、区域舆情信息收集与监测的传统方式与工具

区域舆情收集、调查与监测的传统方式、渠道和工具主要包括传统媒体区域舆情信息渠道和区域舆情调查两大类。

（一） 传统媒体区域舆情信息渠道

通过传统媒体如报纸、期刊、广播、电视、书籍等区域舆情信息传播渠道收集和监测区域舆情。这些媒体形式是传统意义上主要的媒体区域舆情信息传播渠道，目前仍然发挥着区域舆情信息传播的功能，拥有相当的区域舆情信息传播接受群体，所以，区域舆情信息监测仍然需要重视这一信息领域的区域舆情传播状况，可以采取特定技术手段进行这部分信息采集。

（二） 区域舆情调查

通过设计调查问卷和人员访谈的方式获取区域舆情信息传播状况。其重点内容包括区域舆情调查的问卷设计、访谈人员的选择以及访谈时间、地点、方式的选择。也可以有区域舆情信息监测部门委托专门的问卷调查机构运用专业的技术程序进行这一类的区域舆情调查。

二、区域舆情信息收集与监测的新型方式与工具

区域舆情信息收集与监测的新型方式主要是运用计算机、互联网和移动互联网信息渠道，通过专业的区域舆情调查监测软硬件技术系统开展区域舆情的监测调查工作，主要包括互联网区域舆情信息传播平台和互联网区域舆情调查两大类渠道和方式。

（一）互联网区域舆情信息传播平台

主要通过新媒体综合信息门户、互联网搜索引擎、相关信息专业网站、专业舆情监测网站、传统媒体的互联网官方网站、自媒体、互联网社交平台等涉及区域舆情信息传播的互联网平台进行区域舆情信息监测。

新媒体综合信息平台会对涉及特定区域的重要舆情信息进行报道、传播；许多互联网搜索引擎提供诸如搜索指数、关注度指数、媒体指数等反映特定内容舆情关注的统计数据，可以选择其中涉及特定区域的舆情信息传播数据进行收集、监测；区域舆情相关信息专业网站包括区域经济管理部门网站、区域企业网站、区域特定行业网站等；专业舆情监测网站提供专业舆情监测技术服务，也会提供一些有关特定区域的舆情监测成果分析文章、数据等内容；传统媒体的互联网官方网站内容与其传统载体类似，更加便于应用计算机进行收集整理；自媒体平台如微博、博客、论坛等也会产生一些与特定区域相关的舆情信息；互联网社交平台也是相关舆情信息的重要传播渠道，但是其采集可能需要通过问卷等许可的方式进行。

（二）互联网区域舆情调查

通过专业网站、软件系统或移动通信用户进行区域舆情调查。将传统舆情调查的问卷设计、问卷发放、问卷回收、问卷信息收集整理等过程通过互联网程序实现，提高了区域舆情调查的效率和准确性。

第三节 区域舆情信息收集与监测管理流程

根据上述对区域舆情信息收集与监测基本模式类型的划分，按照被动型区域

舆情信息收集监测与主动型区域舆情信息收集监测两种模式分类，相应的管理流程也可以分为两种类型。

一、被动型区域舆情信息收集与监测管理流程

被动型区域舆情信息收集监测管理流程可以分为确定监测目标与实施监测两个主要流程环节。

（一）确定区域舆情信息收集监测目标

区域舆情信息的收集与监测如果以各类媒体平台为监测目标，就需要确定所要监测的媒体或渠道目标对象，明确进行区域舆情监测的特定媒体以及这些媒体的特定版面、特定频道、特定信息形式以及特定时间区间范围；如果以区域舆情信息传播主体为监测目标对象，就需要确定特定区域舆情信息传播主体范围，针对这些主体进行区域舆情监测；如果是以某些特定区域舆情主题为监测目标对象，就需要通过特定媒体对这些区域舆情主题进行监测。

（二）实施区域舆情信息收集监测

在明确区域舆情信息传播监测目标对象和范围以后，就可以通过人工查阅、记录或者通过计算机程序检索、存储等方式实施具体的区域舆情监测。

二、主动型区域舆情信息收集与监测管理流程

主动型区域舆情信息收集与监测管理流程可以分为确定区域舆情信息调查内容、确定区域舆情信息收集监测目标与实施区域舆情信息收集监测三个主要流程环节。

（一）确定区域舆情信息调查内容

对于主动型区域舆情信息收集与监测管理，需要确定主动监测的内容，该环节是体现主导型特征的主要方面，也就是主动地确定所要获取的区域舆情信息内容，并设计体现相应内容的调查问卷以及明确调查问题的形式，明确区域舆情信息收集与监测管理者计划获取的信息内容，在明确目标引导下有针对性地收集相

关区域舆情信息内容。

（二） 确定区域舆情信息收集监测目标

主动型区域舆情信息收集与监测管理在明确了监测内容之后，与被动型区域舆情信息收集监测管理类似，同样需要基于信息内容需要，确定监测的媒体、渠道、主体等范围，以保障相关区域舆情信息内容的收集与监测。

（三） 实施区域舆情信息收集监测

主动型区域舆情信息收集与监测管理在明确了监测内容与监测目标之后，与被动型区域舆情信息收集监测管理类似，需要基于区域舆情信息调查、收集内容、目标对象实施具体的调查与监测。在这一管理流程阶段中，最能够体现主导型的特征，需要区域舆情信息调查、收集与监测者发挥主动性，根据预先计划主动实施，通过问卷调查、实地访谈等方式获取相关区域舆情信息。

第四节　区域舆情信息收集与监测协调机制

区域舆情信息的收集与监测管理涉及多部门、多层次，基于提高监测效率的目标，需要建立各部门、各层次的区域舆情信息收集与监测协调机制。区域舆情信息收集与监测协调机制涉及协调主体范围、协调内容和协调方式等方面。协调机制的建立是为了互通有无，从而节约区域舆情信息收集与监测成本，并为进一步的区域舆情信息运用、区域舆情信息传播管理提供基础条件。

一、区域舆情信息收集与监测管理协调主体

区域舆情信息收集与监测协调机制的协调主体是指负责实施协调的部门主体以及需要进行协调的部门主体。区域管理部门可以成立统一的区域舆情信息收集与监测管理机构，负责统一协调各部门的区域舆情信息收集与监测，负责制订区域信息收集与监测计划、内容以及程序，安排各个部门、各个层次之间的分工，建设各部门以及各层次之间区域舆情信息共享平台；需要进行协调的部门主要包括区域经济管理部门、区域创新管理部门等。

二、区域舆情信息收集与监测协调的内容

区域舆情信息收集与监测协调机制的协调内容是指具体需要协调的舆情信息类别，即基于对区域舆情信息内容的分类，涉及多个部门共享的区域舆情信息可以通过协调的方式实现共享，从而避免重复，提高效率；需要多部门联动进行收集、监测的内容，必须协调各个部门接续或同时进行收集、监测，以保障区域舆情信息收集、监测的系统性、完整性、准确性。因此，区域舆情信息收集与监测协调的内容需要进行统一分析和规划。

三、区域舆情信息收集与监测协调的方式

区域舆情信息收集与监测协调机制的协调方式，从运行机制上，可以有常设机构，也可以没有常设机构采取协调会议的形式；从人员安排方面，可以由相互协调各个部门人员共同组成；从协调时间上，可以采取定期、不定期协调会议相结合的方式，既有定期的常规性区域舆情信息协调沟通安排，又有畅通的不定期即时区域舆情信息沟通渠道以保障任何类型的区域舆情信息能够随时沟通。

第五章

区域舆情与区域投资
——以湖北为例的分析

第一节 区域舆情与区域投资概述

随着各类媒体和信息传播方式的迅速发展，舆情对经济社会发展的影响也日益显著。区域舆情是各类有关特定区域的舆论信息通过传统媒体、新媒体等形式进行传播所反映的观点和情绪的总体状况。区域舆情对直接关系投资、贸易、旅游等发展的区域形象的树立、区域品牌的打造、区域营销的开展等都有着重要影响，尤其是对于留住现有投资、推动现有投资人增加投资以及吸引各类外部投资产生重要影响，并进而促进区域经济社会全面发展。

新时期湖北正谋划产业结构升级和经济社会的全面跨越式发展，投资的发展是湖北各项事业发展的最重要推动力量，2017 年 3 月 31 日，湖北省人民政府推出《省人民政府关于新形势下进一步加大招商引资力度的若干意见》，显示进一步动员各方力量加大投资的决心。湖北省武汉市也于 2017 年初召开了招商引资专项大会，会议强调将招商引资作为促进武汉市发展的"一号工程"。

湖北舆情是湖北投资事业发展的重要影响因素，因此研究湖北舆情的总体状况及其对投资发展的影响，并提出有针对性的政策建议就具有了重要的理论与现实意义。

一、区域舆情与区域投资的研究意义

（一）认识湖北舆情状况及其影响因素和对投资的影响

通过本研究，希望能够对湖北舆情的总体状况有基本的认识；分析区域舆情的影响因素；分析区域舆情对区域投资的影响。区域舆情状况对于形成区域形象、留住和吸引投资都有着重要影响，因此，研究湖北舆情状况及其影响因素，同时分析湖北舆情对湖北投资的影响，有助于形成湖北良好的区域形象，帮助留住和吸引各类投资，促进区域经济社会平稳发展。

（二）分析湖北促进投资发展的舆情策略

通过本研究，希望能够帮助分析和制订湖北促进投资发展的舆情管理策略，包括舆情策略的一般机制原则和当前的实施策略。在对湖北舆情状况、影响因素及其对湖北投资作用的基础上，分析研究湖北促进投资发展的舆情策略，能够帮助有针对性地制订舆情策略，通过系统地舆情管理和舆情应对，树立良好的区域形象，推动区域投资发展，带动区域经济社会全面进步。

二、区域舆情与区域投资研究框架

本研究基本框架如图 5-1 所示。

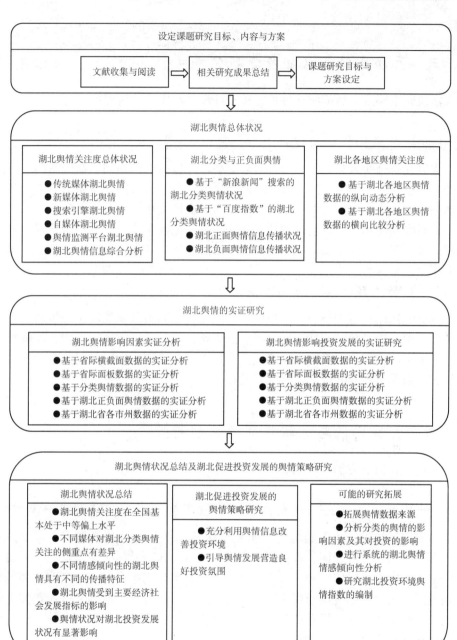

图 5－1 研究框架

三、区域舆情与区域投资研究方法

本研究主要采用数据统计分析方法和计量经济实证分析方法。

（一）数据统计分析方法

本研究通过 5 大类型的 9 个舆情数据平台，包括中国知网、新浪新闻、百度新闻、百度指数、新浪微博、天涯社区、百度贴吧、人民网舆情频道、中青在线舆情频道，收集湖北相关的舆情大数据，运用统计方法，通过数据分析和图表等形式，研究湖北相关舆情信息的统计特征，帮助把握湖北舆情的整体状况、分类舆情状况、正负面情感倾向性舆情状况以及湖北省内各市州地区舆情状况。

（二）计量经济实证分析方法

本研究运用计量经济的多元回归、时间序列、面板数据等方法分析研究湖北舆情影响因素以及相关舆情对湖北投资的影响。通过这一方法的应用，能够较为准确地发现湖北舆情的形成原因以及舆情影响湖北投资的实际情况，有助于有针对性地实施舆情管理并促进区域投资发展。

四、区域舆情与区域投资研究创新

本研究在以下方面具有创新贡献：

（一）建立了较为系统的大数据背景下湖北区域舆情状况分析框架

本研究系统建立了大数据背景下湖北区域舆情状况分析框架，通过中国知网、新浪新闻、百度新闻、百度指数、新浪微博、天涯社区、百度贴吧、人民网舆情频道、中青在线舆情频道等 5 大类型 9 个舆情数据平台，收集湖北相关的舆情大数据，运用数据统计分析和计量经济实证分析等方法，对湖北区域舆情总体状况及其影响因素进行了系统分析研究，并提出了相应的舆情管理对策，这一研究工作在现有文献中鲜有发现。

（二）将湖北大数据舆情引入湖北投资发展的研究

本研究通过中国知网、新浪新闻、百度新闻、百度指数、新浪微博、天涯社区、百度贴吧、人民网舆情频道、中青在线舆情频道等 5 大类型 9 个舆情数据平台，收集湖北相关的舆情大数据，运用计量经济学实证分析方法研究湖北舆情对区域投资的影响，并提出了相应了舆情管理策略，这一研究工作在现有文献中鲜有发现。

第二节　区域舆情与区域投资研究基础

本研究涉及的相关文献可以分为四大类：第一类是舆情一般理论研究，并不涉及特定的舆情领域；第二类相关文献没有使用舆情的概念，但是研究对象和研究内容为信息传播或媒体信息传播、大数据环境等对投资等经济、社会的影响；第三类涉及区域舆情与区域投资的一般性研究，并不限定特定区域或并不针对湖北舆情，包括区域舆情与区域投资的关系研究，以及并未明确以区域舆情的概念进行研究但与区域舆情密切相关，如区域形象、区域品牌、区域营销与区域投资等；第四类则直接涉及湖北的舆情相关内容，包括湖北舆情、湖北区域形象等及其与湖北投资和经济社会发展的关系等相关领域。目前上述领域的研究文献数量均比较少。

一、区域舆情与区域投资相关研究概况

（一）舆情一般理论研究

舆情研究是近年国内社会科学理论研究的一个持续热点领域，涉及经济社会发展、行政管理、金融管理、教育管理等众多细分领域，研究成果也较为丰富。基于与本研究内容的相关性，在近期的最新研究进展中，一些研究关注了舆情基础理论，如佩奇和夏皮罗（Page and Shapiro，1983）理论分析并实证检验了舆情对政府政策的影响，认为舆情对政府政策有着显著的影响，而不是相反；瓦特和多兹（Watts and Dodds，2007）理论分析了舆情领袖人物在舆情形成过程中的作用；李昊青等（2015）对互联网背景下的舆情传播及其管理的理论基础进行了系统总结和分析。一些研究重点关注舆情分析方法，如张伟（2016）对互联网大数据背景下运用可视化方法开展舆情研究的技术；徐映梅和高一铭（2017）针对

CPI 变化，基于百度指数运用统计技术构建了低频和高频的舆情指数，能够帮助对 CPI 进行预测。一些研究重点关注舆情应对策略，如潘芳等（2016）针对网络舆情传播提出了相应的政府职能部门管控策略。一些研究将舆情理论与舆情分析方法应用于具体的舆情领域，如加姆逊和莫迪利亚尼（Gamson and Modigliani，2015）运用建构论方法就核能问题研究媒体论述与舆情直接的关系。

（二）信息传播的经济社会影响研究

另一类研究虽未直接以舆情的概念形式展开，但着重与信息传播的经济社会影响，与本研究的内容具有较大的关联性。这类研究中近年也产生了一些重要成果，恩格尔伯格和帕森斯（Engelberg and Parsons，2011）利用区域投资差异性实证研究了媒体报道还是媒体所报道的事件本身影响了投资；所罗门（Solomon，2012）分析了有关公司的好的新闻报道和坏的新闻报道对公司股价的影响；根茨科（Gentzkow，2014）基于在线媒体与离线媒体的比较研究了消费者注意力价格；佩雷斯（Peress，2014）运用报业罢工事件克服了内生性，从而检验了媒体信息传播对金融市场的影响；杨晓兰、沈翰彬和祝宇（2016）以互联网论坛信息传播数据为基础研究了其对投资者本地上市公司投资偏好的关联性。

（三）区域舆情与区域投资的一般性研究

在涉及区域舆情和区域投资的一般性研究领域，包括区域舆情与区域投资、区域形象与区域投资和区域经济社会发展等研究。

有关区域舆情与区域投资的研究文献方面。张世晓（2014）较早关注和研究了区域舆情与区域投资之间的关系，认为区域舆情是形成区域声誉的重要影响因素，直接关系区域投资环境形象，对于引进投资和区域经济发展有重要影响。徐程瑾和王铮（2015）关注了新媒体舆情传播与区域经济发展的关系，认为新媒体的舆情传播可以起到宣传作用，促进区域旅游经济，吸引外来投资，推动区域基础设施建设。贾亚丽（2015）从蝴蝶效应的视角研究了中原经济区的相关舆情在海外的传播，认为加大宣传、减少负面信息有助于增进区域关注度、吸引投资、促进发展。

有关区域形象、区域品牌、区域营销与区域投资和区域经济社会发展等研究文献方面。珀金斯（Perkins，1996）研究了使用宣传和营销方式推广城镇与地区的方式。梁（Leung，2002）以亚洲为视角分析区域营销对吸引投资、发展工业与旅游的作用机制。陆林和刘冰清（2005）研究了区域形象的价值，分析了其对区域经济发展的作用。刘阳（2015）以广西为例分析认为区域形象对地区投资等方面有促进作用，从而带动地区经济社会的发展。严群英（2010）通过案例分析的方式研究了区域营销对区域经济发展的促进作用。杨建梅、黄喜忠和张胜涛（2005）对培育区域品牌进行了较为系统的分析。富特（Foot，1999）以米兰为例分析了伴随经济社会发展城市形象的变迁。孙江华、严威和周建新（2009）提出建立有关城市形象的媒体信息传播监测系统的建议。

（四） 湖北舆情相关研究

在湖北舆情研究方面。湖北省人民政府应急管理办公室（2013）就武汉市2012年6月11日出现较为严重的雾霾天气并引发舆情关注以后湖北省有关部门所采取的有关措施进行的总结分析。戴毅斌、林兴发和余诗毅（2013）和欧玲（2014）分析了湖北高校的相关舆情状况。

在湖北形象研究方面。陈媛媛（2012）以《人民日报》和《光明日报》等传统主流媒体为样本，分析了湖北在媒体报道的形象。谢晨和朴鸿远（2016）以《湖北日报》的报道为样本分析湖北省16个地区形象并提出相应对策建议。湖北省新闻工作者协会湖北大学新闻与传播学院联合课题组（2016）通过对武汉7个主城区单位人员和社区居民的问卷调查，分析研究了湖北的媒体形象及其传播状况。

二、区域舆情与区域投资研究的理论分析与基本假设

基于现有研究，本研究认为区域舆情是各类市场主体对特定区域关注与评价的综合反映，受到该区域经济社会发展状况等各种因素的影响，不同类别的区域舆情对区域总体舆情关注状况有着不同程度的影响，对特定区域的正负面情感倾向性舆情对区域总体舆情产生影响，区域内各地区舆情对区域总体舆情产生影响。

在区域舆情与区域投资关系方面，我们认为区域舆情对形成区域形象有着重要影响，能够影响各类市场主体对特定区域的认识、判断和投资决策，因此，区域舆情状况能够影响区域投资发展状况。

基于以上认识，我们建立以下基本假设：

假设一：区域舆情状况受到区域经济社会发展状况和分类舆情状况、正负面情感倾向性舆情状况和区域内各地区舆情状况的影响。

假设二：区域舆情是区域投资的重要影响因素。

我们的研究工作将围绕这些基本分析和假设展开，得到研究结论，并提出相

应的对策建议。

我们研究工作的以下部分分为：湖北舆情总体状况；湖北舆情影响因素实证分析；湖北舆情与投资发展分析；湖北促进投资发展舆情对策研究。

第三节　湖北舆情总体状况

我们将分以下部分对湖北舆情状况进行分析研究：湖北舆情关注度总体状况；湖北分类舆情状况；湖北正负面舆情信息传播状况；湖北各地区舆情关注度状况分析。

我们运用省际地区间横向对比、时间轴动态分析、结构比例分析等方法对湖北各类舆情数据进行分析研究。

一、湖北舆情关注度总体状况

在互联网大数据背景下，反映湖北舆情状况的信息渠道可以分为以下5类，即搜索引擎、新媒体、传统媒体、自媒体、舆情监测平台。我们分别通过这5类舆情信息渠道中的中国知网、新浪新闻、百度新闻、百度指数、新浪微博、天涯社区、百度贴吧、人民网舆情频道、中青在线舆情频道等9个代表性平台收集和整理了有关湖北的舆情信息状况，从而总结整理出有关湖北的总体舆情状况，并进行省区市比较。

（一）传统媒体反映的湖北舆情整体状况

"中国知网"是最为全面的中文文献电子化数据库系统，因此，我们选取"中国知网"的检索系统进行传统媒体的湖北相关舆情检索。考虑到舆情的时效性特征，我们仅选择"报刊"作为检索范围，对具有可比性的内地31个省级行政区进行了舆情检索。

截至2017年6月22日，共有377805条全文检索中包含"湖北"的内容。我们同时对中国31个省级行政区使用其名称进行的检索，以此代表"中国知网"这一传统媒体渠道对各省级行政区的舆情关注状况，并对检索结果进行了排名，"湖北"在各省级行政区中的舆情关注度排名第12位，表明"湖北"在"中国知网"所收集的传统"报刊"媒体中的受关注状况在全国省级行政区中排名中位数靠前（"中国知网"搜索反映的省级行政区舆情关注数量见图 5-2）。

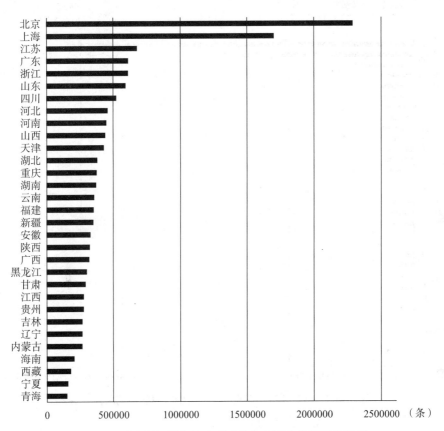

图 5-2 "中国知网"搜索反映的各省区市舆情关注数量

资料来源：作者根据中国知网网站数据综合整理。

（二）新媒体反映的湖北舆情整体状况

我们选择"新浪"作为新媒体的代表性门户网站，开展湖北舆情研究，我们运用"新浪"的新闻搜索工具，使用"湖北"作为搜索的关键词进行检索。

截至 2017 年 6 月 22 日，共有 1331076 条全文检索中包含"湖北"的内容。我们同时对中国 31 个省级行政区使用其名称进行的检索，以此代表"新浪"这一新媒体渠道对各省级行政区的舆情关注状况，并对检索结果进行了排名，"湖北"在各省级行政区中的舆情关注度排名第 12 位，表明"湖北"在"新浪"的受关注状况在全国省级行政区中排名中位数靠前，"新浪新闻"搜索反映的省级行政区舆情关注数量见图5－3，也与"中国知网"所反映的传统媒体舆情关注状况排名完全一致。

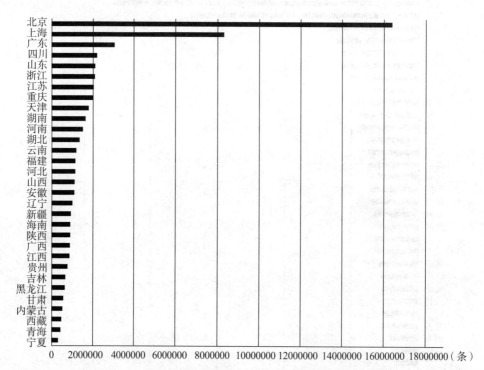

图5－3　"新浪新闻"搜索反映的省级行政区舆情关注数量

资料来源：作者根据新浪新闻网站数据综合整理。

（三）搜索引擎反映的湖北舆情整体状况

我们选择了中文搜索引擎中使用量最大的"百度"为代表性搜索引擎工具，开展湖北舆情的研究工作。

1. 基于"百度新闻"搜索的湖北舆情状况

我们收集了截至2017年6月22日的"百度新闻"搜索的湖北舆情以及具有可比性的其他30个省级行政区基于"百度新闻"搜索的舆情数据。截至2017年6月22日，共有89100条全文检索中包含"湖北"的内容。我们同时对中国31个省级行政区使用其名称进行的检索，以此代表"百度新闻"这一搜索引擎渠道对各省级行政区的舆情关注状况，并对检索结果进行了排名，"湖北"在各省级行政区中的舆情关注度排名第21位，表明"湖北"在"百度新闻"搜索的受关注状况在全国省级行政区中排名靠后，"百度新闻"搜索反映的省级行政区舆情关注数量见图5－4。

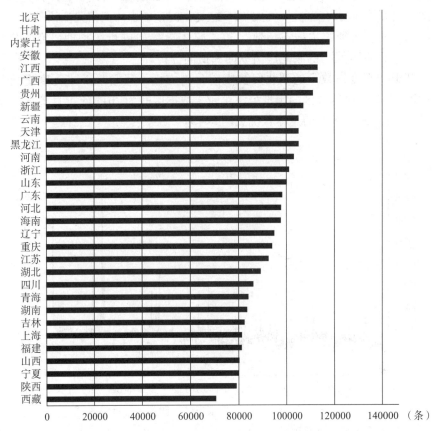

图5－4　"百度新闻"搜索反映的各省区市舆情关注数量

资料来源：作者根据百度新闻网站数据综合整理。

2. 基于"百度指数"的湖北舆情状况

　　"百度指数"包括"搜索指数"和"媒体指数"。"搜索指数"的构建主要基于网民搜索，较能体现信息接收方的舆情信息接收情况；"媒体指数"则反映特定时期媒体关于特定主题的新闻报道信息数量，完全独立于"搜索指数"所反映的信息渠道。通过百度指数，我们收集了全时段即2011年1月1日至2017年6月24日的"搜索指数"和"媒体指数"30日移动平均日数据，分别收集到73377个有关中国31个省级行政区以各地名称为关键词的"搜索指数"和"媒体指数"舆情数据，共计 146754 个数据，由于数据量较大而未在本研究中给出，若需查阅可提供备查。其中"搜索指数"反映特定时间段网民利用搜索引擎搜索某一关键词的搜索量，能够反映网民的舆情关注状况；"媒体指数"反映特定时期，媒体报道信息传播中涉及相关关键词的信息量，也能够反映特定时期的媒体舆情关注状况。

我们对所收集到的"搜索指数"和"媒体指数"进行了整理研究，分别进行了基于"百度指数"的湖北舆情纵向和横向分析。

在基于"百度指数"的湖北舆情横向分析方面，我们基于"百度指数"进行了中国 31 个省级行政区的舆情关注比较，数据区间为 2011 年 1 月 1 日至 2017 年 6 月 24 日，湖北舆情的总体状况见图 5－5。

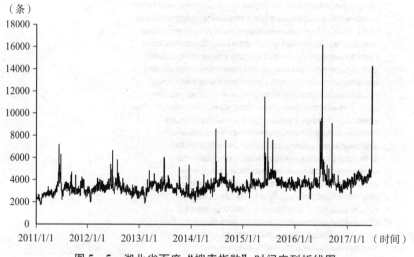

图 5－5　湖北省百度"搜索指数"时间序列折线图

资料来源：作者根据百度指数数据综合整理。

从湖北省百度"搜索指数"时间序列折线图（见图 5－6）发现湖北省百度"搜索指数"时间序列舆情数据纵向趋势基本平稳，只在近年若干时期有特别上升。

从以上湖北省百度"媒体指数"时间序列折线图可以看出湖北省百度"媒体指数"所反映的湖北省舆情状况在数据期间也较为平稳，只在少数时期有特别的媒体舆情关注，但是没有特定的波动和变化趋势。

由图 5－7 所示，湖北省在各省级行政区中的舆情关注度排名第 21 位，表明湖北省在百度"搜索指数"的受关注状况在全国省级行政区中排名靠后，也与"百度新闻"搜索所反映的舆情关注状况排名一致。

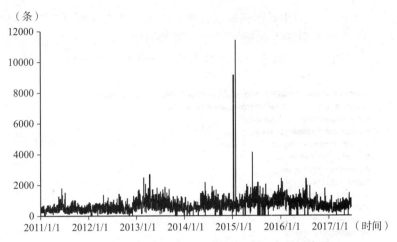

图 5－6　湖北省百度"媒体指数"时间序列折线图

资料来源：作者根据百度指数数据综合整理。

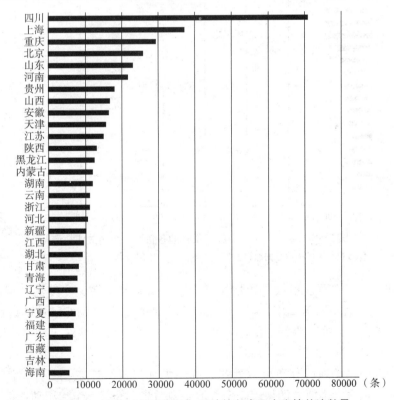

图 5－7　百度"搜索指数"反映的各省区市舆情关注数量

资料来源：作者根据百度指数数据综合整理。

67

由图 5-8 所示，湖北省在各省级行政区中的舆情关注度排名第 15 位，表明湖北省在百度"媒体指数"的受关注状况在全国省级行政区中排名靠前，也与"中国知网""新浪新闻"搜索所反映的舆情关注状况排名接近。

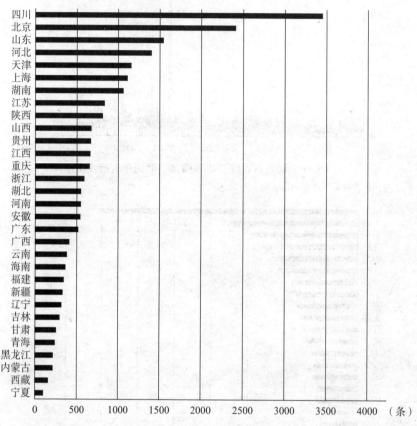

图 5-8　百度"搜索指数"反映的各省区市舆情关注数量

资料来源：作者根据百度指数数据综合整理。

另外，基于"百度指数"舆情统计数据，从湖北舆情关注度的区域分布分析，2017 年 6 月 1 日至 2017 年 6 月 25 日统计期间，关注湖北舆情的区域前 10 位依次为湖北、广东、浙江、江苏、北京、山东、河南、上海、四川、湖南。如图 5-9 所示。

从湖北舆情的地域分布可以看出，除了湖北以外，广东、浙江、江苏、北京、山东、河南、上海、四川、湖南等地多为湖北人外部工作和流动迁徙的主要去向地，因此，对湖北舆情的关注多源于湖北人，而非主要源于湖北本身的经济社会发展实力方面的影响力，这一点与北京、上海、广州、深圳等经济社会相对发达地区舆情关注的原因不同。

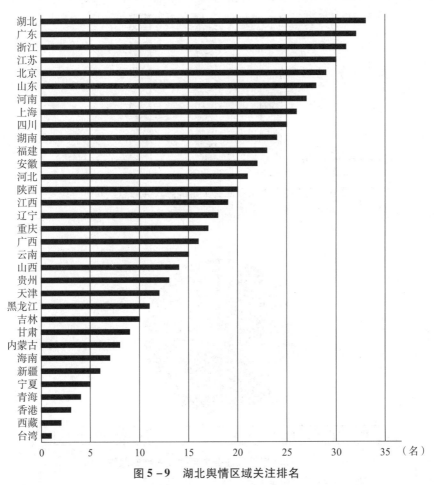

图 5－9 湖北舆情区域关注排名

资料来源：作者根据百度指数数据综合整理。

从湖北舆情关注度的年龄分布分析，2017 年 5 月 1 日至 2017 年 5 月 31 日统计期间，19 岁及以下占比 2%、20～29 岁占比 18%、30～39 岁占比 42%、40～49 岁占比 35%、50 岁及以上占比 3%（图 5－10、图 5－11 显示各个年龄段人群的总体分布，以及各个年龄段人群的总体占比）；从湖北舆情关注度的性别分布分析，2017 年 5 月 1 日至 2017 年 5 月 31 日统计期间，男性占比 67%、女性占比 33%。这一区域舆情信息关注的年龄与性别分布基本符合一般的信息关注年龄与性别特征。

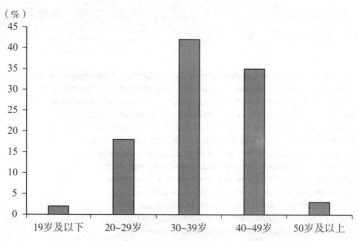

图 5 – 10　湖北舆情关注各个年龄段人群的总体分布

资料来源：作者根据百度指数数据综合整理。

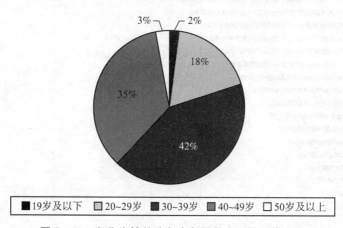

图 5 – 11　湖北舆情关注各个年龄段人群的总体占比

资料来源：作者根据百度指数数据综合整理。

　　湖北舆情关注的年龄段分布与其他地区舆情关注的年龄段分布大体一致，均以青壮年为主，符合舆情关注的一般规律。

（四）自媒体反映的湖北舆情整体状况

　　我们选取国内影响较大的"新浪微博""百度贴吧"和"天涯社区"作为自媒体舆情样本进行湖北相关舆情的检索。

　　我们收集了截至 2017 年 6 月 22 日的"新浪微博""百度贴吧"和"天涯社区"的湖北舆情以及具有可比性的中国其他 30 个省行政区基于"新浪微博""百度贴吧"和"天涯社区"的舆情数据。截至 2017 年 6 月 22 日，共有 117912746 条"新浪微博"、19224758 条"百度贴吧"和 94 条"天涯社区"检索中包含"湖北"的内容。我们同时对中国 31 个省级行政区使用其名称进行的检索，以此代表"新浪微博""百度贴吧"和"天涯社区"3 大自媒体舆情渠道对各省级行政区的舆情关注状况，并对检索结果进行了排名。

1. 基于"新浪微博"的湖北舆情状况

　　由图 5 – 12 可知，"湖北"在各省级行政区中的舆情关注度排名第 11 位，表明"湖北"在"新浪微博"自媒体的受关注状况在全国省级行政区中排名靠前。

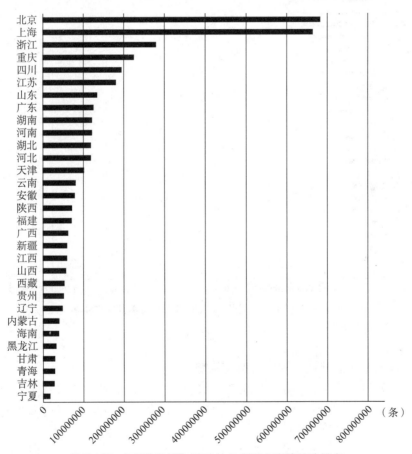

图 5 – 12　"新浪微博"反映的各省区市舆情关注排名

资料来源：作者根据新浪微博数据综合整理。

2. 基于"百度贴吧"的湖北舆情状况

由图 5 – 13 可知,"湖北"在各省级行政区中的舆情关注度排名第 14 位,表明"湖北"在"百度贴吧"自媒体的受关注状况在全国省级行政区中排名靠前。

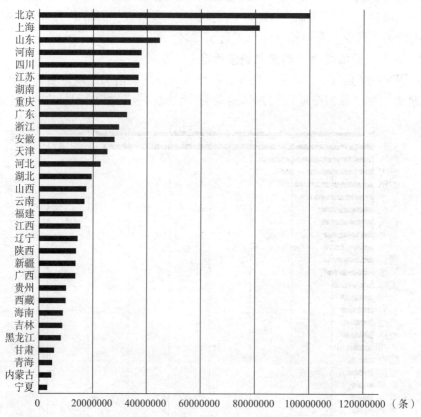

图 5 – 13　"百度贴吧"反映的各省区市舆情关注排名

资料来源:作者根据百度贴吧数据综合整理。

3. 基于"天涯社区"的湖北舆情状况

由图 5 – 14 可知,"湖北"在各省级行政区中的舆情关注度排名第 21 位,表明"湖北"在"天涯社区"自媒体的受关注状况在全国省级行政区中排名靠后。

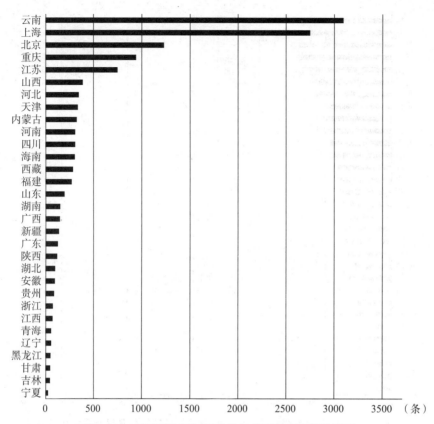

图 5-14 "天涯社区"反映的各省区市舆情关注数量

资料来源：作者根据百度贴吧数据综合整理。

（五）舆情监测软件反映的湖北舆情整体状况

我们选择了具有一定权威的 2 个舆情监测平台"人民网-舆情频道-众云大数据"和"中青在线-舆情频道"收集和整理了湖北相关舆情数据进行比较分析。

1. "人民网-舆情频道-众云大数据"舆情监测平台

由图 5-15 可知，"湖北"在各省级行政区中的舆情关注度排名第 14 位，与"百度贴吧"反映的排名状况一致，表明"湖北"在"人民网-舆情频道-众云大数据"舆情平台的受关注状况在全国省级行政区中排名靠前。

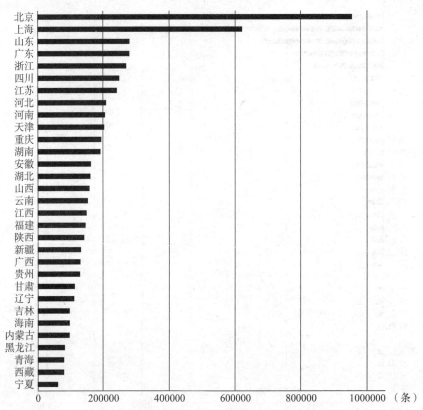

图5－15 "人民网－舆情频道－众云大数据"反映的各省区市舆情关注数量

资料来源：作者根据"人民网－舆情频道－众云大数据"舆情平台数据综合整理。

2. "中青在线－舆情频道"舆情监测平台

由图5－16可知，"湖北"在各省级行政区中的舆情关注度排名第13位，表明"湖北"在"中青在线－舆情频道"舆情平台的受关注状况在全国省级行政区中排名靠前。

(六) 各舆情信息传播渠道的湖北舆情信息传播综合分析

在上述舆情渠道指标中，我们发现几大渠道省区市舆情关注排名基本符合我们的一般认识，只有"百度新闻"的排名较为例外，可能由于搜索技术等方面的原因，为了排除舆情渠道个体因素的影响，我们希望对上述舆情渠道反映的舆情状况进行综合。通过各个舆情渠道的舆情信息跟帖、评论、点赞、转发等数量进行加权是一种思路，但往往缺乏相应数据。基于数据可行性，我们构建了综合舆

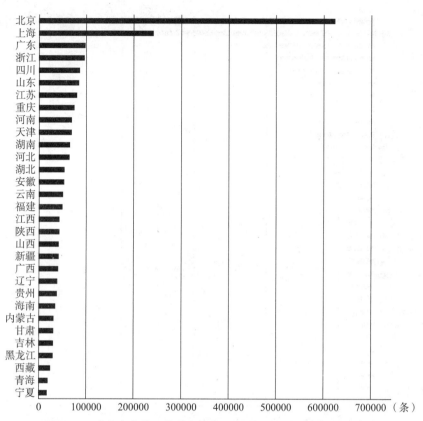

图 5 – 16　"中青在线 – 舆情频道"反映的各省区市舆情关注数量

资料来源：作者根据"中青在线 – 舆情频道"舆情平台数据综合整理。

情关注指标，通过"简单综合"和"标准化综合"以期从一定程度上解决渠道个体因素的影响，反映客观舆情。

1. "简单综合指标"

我们通过对上述"中国知网""新浪新闻""百度新闻""新浪微博""天涯社区""百度贴吧""人民网""中青在线"8 个舆情数据进行简单加总，形成"简单综合指标"，基于这一"简单综合指标"对 31 个省级行政区舆情关注状况进行排名。

由图 5 – 17 可知，"湖北"在各省级行政区中的舆情关注度排名第 12 位，表明"湖北"在"简单综合指标"多反映的受关注状况在全国省级行政区中排名靠前。

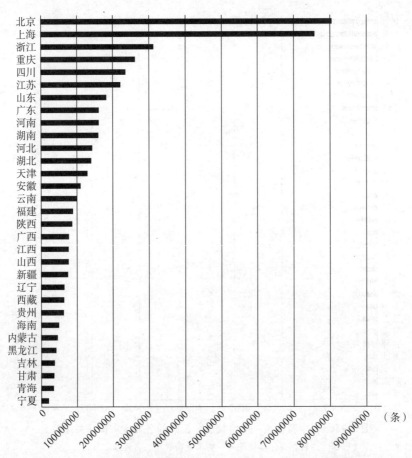

图 5 – 17　"简单综合指标"反映的各省区市舆情关注数量

资料来源：作者根据以上 8 个舆情数据进行简单加总综合整理。

2. "标准化综合指标"

我们分别通过使用各舆情渠道反映的 31 个省级行政区中舆情数据最小值和中位数对各数据系列进行标准化，从而得到各个舆情数据的"最小值标准化综合指标"和"中位数标准化综合指标"，基于这两个指标对各省舆情状况进行分析。

由图 5 – 18 可知，"湖北"在各省级行政区中的舆情关注度排名第 17 位，表明"湖北"在"最小值标准化综合指标"多反映的受关注状况在全国省级行政区中排名靠后。

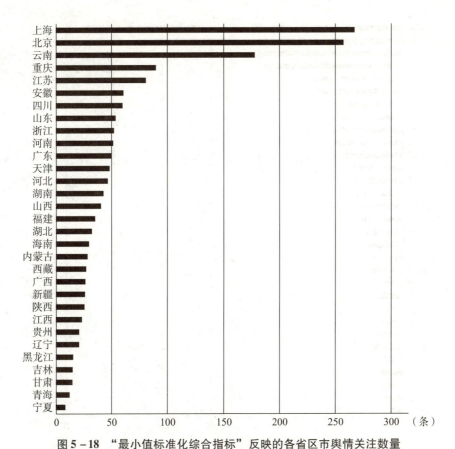

图 5 - 18　"最小值标准化综合指标"反映的各省区市舆情关注数量

资料来源：作者根据 31 个省级行政区中舆情数据最小值对各数据系列进行标准化后综合整理。

"中位数标准化综合指标"反映的各省区市舆情关注数量如图 5 - 19 所示，"湖北"在各省级行政区中的舆情关注度排名第 16 位，表明"湖北"在"中位数标准化综合指标"多反映的受关注状况在全国省级行政区中排名靠后。

"简单综合指标""最小值标准化综合指标"和"中位数标准化综合指标"3 个综合指标所反映的"湖北"舆情关注排名情况并不完全一致，表明"湖北"在各个舆情渠道中所反映的舆情关注状况有所差异，因而对各个舆情渠道数据不同的权重处理影响其总体排名状况。

综合上述搜索引擎、新媒体、传统媒体和自媒体、舆情监测平台等 5 大类媒体舆情信息渠道所反映的湖北相关舆情关注度状况以及我们所构建的综合指标分析，我们认为：虽然通过各个不同舆情渠道以及综合数据所获得的排名结果有所差异，但"湖北"的舆情受关注状况总体处于全国 31 个省级行政区中间位次前

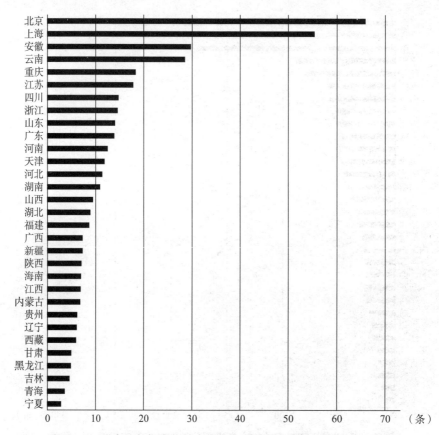

图 5 - 19　"中位数标准化综合指标"反映的各省区市舆情关注数量

资料来源：作者根据 31 个省级行政区中舆情数据中位数对各数据系列进行标准化后综合整理。

后，我们随后将对影响舆情关注状况的因素做进一步的实证分析。表 5 - 1 为截至 2017 年 6 月 22 日各省区市舆情信息流量数据。

表 5 - 1　　　　　　　　　各省区市舆情信息流量数据　　　　　　　　单位：条

各行政区	中国知网	新浪新闻	百度新闻	新浪微博	天涯社区	百度贴吧	人民网	中青在线
北京	2283888	16365826	125000	681716790	1225	100000000	953741	622683
上海	1698786	8285470	81200	663548019	2747	81378776	620235	240252
浙江	607557	2061931	101000	278618368	70	29411523	269092	95251
重庆	372824	1984124	93900	224046435	937	33763221	193738	73586
四川	520871	2165828	86000	193814691	302	36938818	248167	85095

续表

各行政区	中国知网	新浪新闻	百度新闻	新浪微博	天涯社区	百度贴吧	人民网	中青在线
江苏	674116	2006490	92400	179918293	747	36642685	240749	79089
山东	589432	2077020	100000	133800276	192	44505107	278879	83300
广东	608333	3031347	98100	124580283	122	32383598	278508	96971
河南	446767	1490550	103000	120766727	302	37760703	205109	67964
湖南	368851	1622425	83400	120766861	146	36542425	191132	64215
河北	456450	1123122	97600	117912210	340	22593069	208415	63231
湖北	377805	1331076	89100	117912746	94	19224758	160085	52570
天津	427485	1769003	105000	100819620	330	25125904	202563	67845
安徽	325967	1078195	2170000	77380501	91	27722483	161776	52024
云南	354002	1171510	105000	79641330	3089	16569962	152222	49657
福建	350058	1125762	81100	69471565	266	15940215	144874	48502
陕西	320500	889439	78900	70416481	115	13436024	140667	42080
广西	316672	874815	113000	60744826	143	13193923	128735	39764
山西	438170	1090451	80100	55366519	382	17258510	157318	40810
江西	274689	856304	113000	58036620	67	14997298	148295	42152
新疆	347863	916340	107000	58082282	133	13264543	130687	40805
辽宁	263867	989938	94800	46719369	52	14012066	109547	37888
西藏	177084	464706	70400	51413690	279	9620236	77911	23271
贵州	274486	764393	111000	49756777	83	9760223	127740	37102
海南	203251	890863	97500	37671890	298	8655907	95408	33693
内蒙古	263757	518692	118000	38466764	318	4503332	95012	30058
黑龙江	298141	633658	105000	31122039	45	7964493	80317	28579
吉林	264143	660679	82300	26328965	40	8454219	95434	29233
甘肃	288402	561725	120000	27918179	42	5523093	111391	29738
青海	148598	426474	83900	27589633	52	4839321	77943	18022
宁夏	155902	299545	79900	15932904	20	2979561	59508	16326

资料来源：作者根据百度新闻、新浪新闻、中国知网、新浪微博、天涯社区、百度贴吧、人民网舆情频道、中青在线舆情频道8个信息平台的省区市舆情数据反映各平台相关地区名称关键词的信息流量综合整理。

二、湖北分类舆情状况

我们基于舆情对投资发展影响的认识，将相关舆情信息分为基础设施、政府管理、企业经济、自然资源、文化历史、科技教育和社区居民等7大类，并主要运用"新浪新闻"搜索和"百度指数"检索对有关湖北的7大类舆情信息进行了分类分析。

（一）基于"新浪新闻"搜索和"新浪微博"的湖北舆情状况分类分析

我们基于"新浪新闻"分别选取代表基础设施、政府管理、企业经济、自然资源、文化历史、科技教育和社区居民7大类舆情的关键词进行数据收集，数据日期截至2017年7月3日，数据结果见表5-2。

表5-2　基于"新浪新闻"搜索和"新浪微博"的湖北舆情状况分类数据　　单位：条

舆情类别	关键词	舆情数据	
		新浪新闻	新浪微博
基础设施	湖北+基础设施/基础建设	14510	844
政府管理	湖北+政府/政务/行政	30146	2430
企业经济	湖北+企业/经济	46107	1268
自然资源	湖北+自然/资源	20297	384202
文化历史	湖北+文化/历史	16765	371691
科技教育	湖北+科技/教育	22901	1387
社区居民	湖北+社区/居民	7156	158456

资料来源：作者根据新浪新闻与新浪微博数据综合整理。

各类舆情信息的关注结构占比见图5-20。

从图5-21可以看出，"新浪新闻"反映的湖北分类舆情关注度从高到低依次为企业经济、政府管理、科技教育、自然资源、文化历史、基础设施和社区居民。

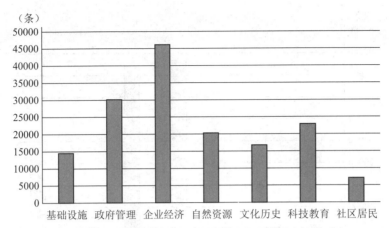

图 5 – 20　"新浪新闻"反映的湖北分类舆情关注数量对比

资料来源：作者根据新浪新闻数据综合整理。

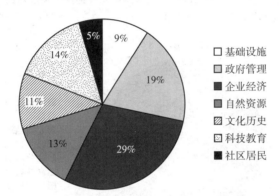

图 5 – 21　"新浪新闻"反映的湖北分类舆情关注占比

资料来源：作者根据新浪新闻数据综合整理。

从图 5 – 22 和图 5 – 23 可以看出，"新浪微博"反映的湖北分类舆情关注度从高到低依次为自然资源、文化历史、社区居民、政府管理、科技教育、企业经济和基础设施。而且前三位自然资源、文化历史和社区居民的舆情关注占绝对多数比重，反映一般网民最关注的地区舆情内容侧重于生活和兴趣爱好密切相关的方面。

（二）基于"百度指数"和湖北特征关键词检索的湖北舆情状况分类分析

基于百度指数：百度指数比新闻更能反映信息接收情况；反映舆情关注的动态变化。

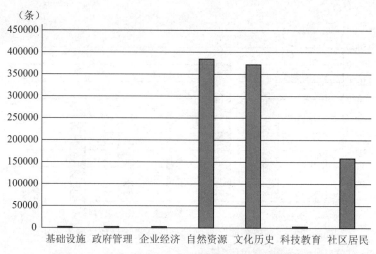

图 5 - 22　"新浪微博"反映的湖北分类舆情关注对比

资料来源：作者根据新浪微博数据综合整理。

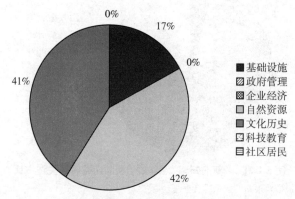

图 5 - 23　"新浪微博"反映的湖北分类舆情关注占比

资料来源：作者根据新浪微博数据综合整理。

　　我们选择临近或可比省区市的类似特征关键词，对比分析湖北分类舆情信息传播特征，比如分类舆情信息传播量对比、分类舆情信息传播动态变化特征对比分析等。

　　我们针对基础设施、政府管理、企业经济、自然资源、文化历史、科技教育和社区居民等 7 大类舆情信息传播，收集了 2011 年 1 月 1 日至 2017 年 7 月 13 日每类舆情信息各个对比项各 2386 个日数据进行对比分析。

　　1. 基础设施：湖北交通 VS 河南交通 VS 湖南交通

　　如图 5 - 24 所示，在"基础设施"分类舆情对比中，我们以"湖北交通 VS

河南交通 VS 湖南交通"进行舆情关注对比,我们收集了 2011 年 1 月 1 日至 2017 年 7 月 13 日三省各 2386 个日数据进行对比分析,除 2016 年 1 月 1 日以后"河南交通"的舆情关注有明显上升以往,其余时间区间三省以"交通"为代表的"基础设施"类舆情关注状况基本重叠一致。

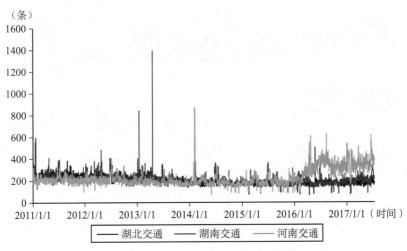

图 5 - 24 "基础设施"分类舆情对比

资料来源:作者根据百度指数数据综合整理。

2. 政府管理:湖北政府 VS 河南政府 VS 湖南政府

如图 5 - 25 所示,在"政府管理"分类舆情对比中,我们以"湖北政府 VS 河南政府 VS 湖南政府"进行舆情关注对比,我们收集了 2011 年 1 月 1 日至 2017 年 7 月 13 日三省 2386 个日数据进行对比分析,发现"湖北政府"舆情关注与"湖南政府"接近,"河南政府"的舆情关注明显较高、较为密集、持续稳定。

3. 企业发展:武钢 VS 宝钢 VS 鞍钢;汉正街 VS 义乌 VS 秀水街

如图 5 - 26 所示,在"企业发展"分类舆情对比中,我们以"武钢 VS 宝钢 VS 鞍钢"进行舆情关注对比,我们收集了 2011 年 1 月 1 日至 2017 年 7 月 13 日三个企业 2386 个日数据进行对比分析,发现三家企业舆情关注有各自较为突出的时间,但是总体舆情关注状况并没有明显差异,表明同为中国重要钢铁企业,位于湖北武汉的"武钢"与国内同类型企业的舆情关注状况没有明显差异。

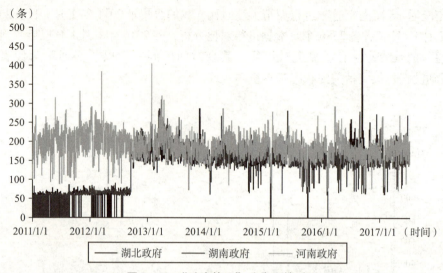

图 5 – 25　"政府管理"分类舆情对比

资料来源：作者根据百度指数数据综合整理。

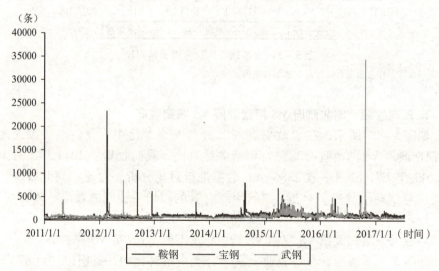

图 5 – 26　"企业发展"分类舆情对比：武钢 VS 宝钢 VS 鞍钢

资料来源：作者根据百度指数数据综合整理。

　　如图 5 – 27 所示，在"企业发展"分类舆情对比中，我们以"汉正街 VS 义乌 VS 秀水街"进行舆情关注对比，我们收集了 2011 年 1 月 1 日至 2017 年 7 月 13 日三个较为具有可比性的商业街区 2386 个日数据进行对比分析，发现三个商业街区中义乌受到的舆情关注明显高于其他两个，表明在小商品批发零售经营领域里，义乌的受关注度远远超过其他同类型地区，汉正街作为湖北地区较早发展起来的小商品批发零售区域品牌，在同业竞争中已经落后与义乌，其中的原因需要进行较为深入的总结。

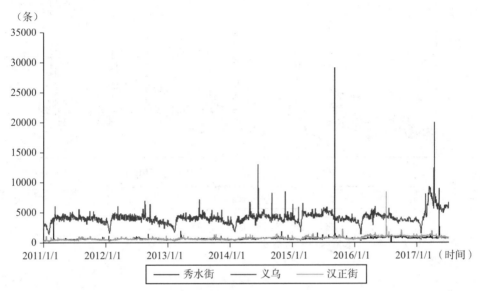

图 5 – 27 "企业发展"分类舆情对比：汉正街 VS 义乌 VS 秀水街

资料来源：作者根据百度指数数据综合整理。

4. 自然资源：湖北旅游 VS 河南旅游 VS 湖南旅游

随着国内产业升级加速发展，作为服务业的旅游业已经成为国内各地区重点发展的产业领域，旅游业的发展高度依赖各地区的自然资源和自然条件，因此我们选择各地旅游业发展状况以表现各地自然资源的保护和利用状况。如图 5 – 28 所示，在"自然资源"分类舆情对比中，我们以"湖北旅游 VS 河南旅游 VS 湖南旅游"进行舆情关注对比，我们收集了 2011 年 1 月 1 日至 2017 年 7 月 13 日三省 2386 个日数据进行对比分析，从中可以较为明显地发现三省旅游关注度排名顺序依次为河南、湖南、湖北，湖北自然资源和旅游资源较为丰富，但是由于人口或其他原因，湖北旅游关注度落后于具有可比性的河南、湖南，因此，需要做深入细致分析研究，找到建设、改善、利用以及宣传、推广、营销等方面的原因，提升湖北旅游的受关注度。

5. 文化历史：黄鹤楼 VS 岳阳楼 VS 滕王阁

如图 5 – 29 所示，在"文化历史"分类舆情对比中，我们以"黄鹤楼 VS 岳阳楼 VS 滕王阁"进行舆情关注对比，我们收集了 2011 年 1 月 1 日至 2017 年 7 月

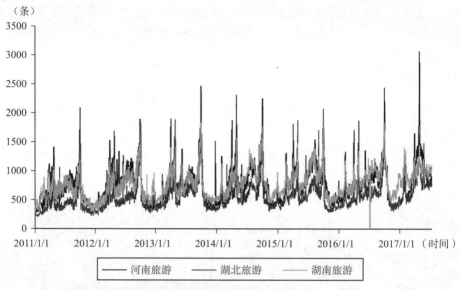

（条）

图 5－28 "自然资源"分类舆情对比

资料来源：作者根据百度指数数据综合整理。

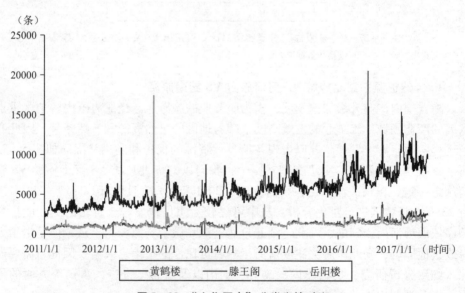

（条）

图 5－29 "文化历史"分类舆情对比

资料来源：作者根据百度指数数据综合整理。

13 日三个较为具有可比性的"江南三大名楼"2386 个日数据进行对比分析，发现三个"名楼"中黄鹤楼受到的舆情关注明显高于其他两个,表明在历史文化名楼的舆情关注领域里,黄鹤楼的受关注度远远超过其他同类型"名楼",黄鹤楼历史文化得以发扬光大的经验值得总结。

6. 科技教育:湖北教育 VS 河南教育 VS 湖南教育

如图5-30所示,在"科技教育"分类舆情对比中,我们以"湖北教育 VS 河南教育 VS 湖南教育"进行舆情关注对比,我们收集了2011年1月1日至2017年7月13日三省各2386个日数据进行对比分析,图5-30中显示湖北作为教育大省、武汉作为全球范围内大学生在校人数最多的城市,"湖北教育"受到的关注高于河南、湖南两省,"河南教育"由于河南学生人数的原因也仅次于湖北。

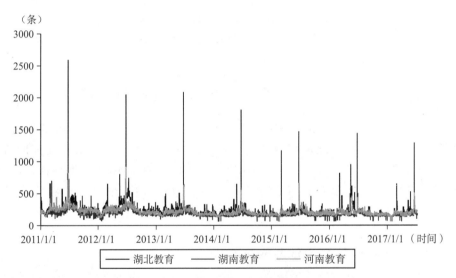

图5-30 "科技教育"分类舆情对比

资料来源:作者根据百度指数数据综合整理。

7. 社区居民:湖北人 VS 河南人 VS 湖南人

如图5-31所示,在"社区居民"分类舆情对比中,我们以"湖北人 VS 河南人 VS 湖南人"进行舆情关注对比,我们收集了2011年1月1日至2017年7月13日三省2386个日数据进行对比分析,图5-31中显示河南作为人口大省,"河南人"受到的舆情关注明显高于其他两省,"湖北人"和"湖南人"的舆情关注度没有明显差异,"湖北人 VS 河南人 VS 湖南人"舆情关注基本以三省人口数为基础分布。

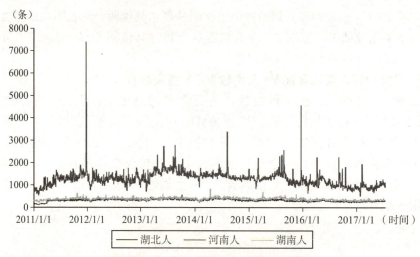

图 5-31 "社区居民"分类舆情对比

资料来源：作者根据百度指数数据综合整理。

三、湖北正负面情感倾向性舆情信息传播状况

为了更加全面反映湖北舆情状况，我们对湖北舆情进行了情感倾向性分析。我们分别筛选了具有湖北地域特征的正面和负面舆情事件，分析研究其传播特征，数据来源为2011年1月1日至2017年7月13日共2386天百度"搜索指数"日数据。我们重点观察湖北正面特征（事件/人物）舆情信息和负面特征（事件）舆情信息的传播特征差异性，比如传播时间的持续性。

（一）湖北正面舆情信息传播状况

对于湖北正面舆情信息传播状况，我们主要分析具有湖北特征的标志性正面舆情信息和舆情事件。

1. 湖北特征正面舆情信息传播

我们分析湖北舆情倾向性时的关键词选择主要考虑两种类型的情况：一类包含"湖北"；另一类不包含"湖北"，但属于湖北标志性的事物和人物。我们从湖北特征地理标志、湖北人特征标志词、湖北特征历史事物、武汉特征人物4个方面分析湖北正面倾向性舆情特征传播状况。基于这一基本思路，我们重点选择了以下主题关键词进行湖北特征舆情信息传播的研究。

首先，是能够体现湖北人建设与发展精神的湖北地理特征最重要代表性标志"武汉长江大桥"以及"三峡大坝""葛洲坝""丹江口水库"。我们通过图来反

映这类舆情信息的传播特征。

如图 5－32 所示，通过"武汉长江大桥"舆情传播特征图，我们发现该舆情传播较为平稳，近年有些增长，在一些时期引起特别增长的关注。

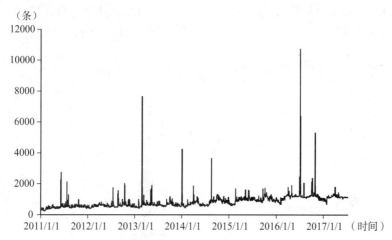

图 5－32 "武汉长江大桥"舆情传播特征

资料来源：作者根据百度指数数据综合整理。

如图 5－33 所示，"三峡大坝"舆情传播特征显示该舆情传播在 2011 年至今一直较为平稳，近年有些增长，在一些时期引起特别增长的关注，总体受关注状况较"武汉长江大桥"明显更高，表明作为中国最重要的地理特征标志之一和国家重点建设工程以及中国重要的旅游景点，其所受到的关注度更高。

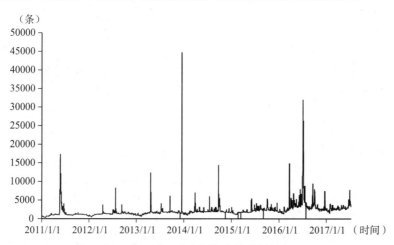

图 5－33 "三峡大坝"舆情传播特征

资料来源：作者根据百度指数数据综合整理。

如图 5 - 34、图 5 - 35 所示，"葛洲坝"舆情传播特征显示该舆情传播在 2011 年至今一直较为平稳，只在 2015 年期间有较高的增长，其总体舆情关注度比"三峡大坝"更高；"丹江口水库"的舆情关注度较低、较平稳，但是随着 2014 年 12 月 12 日 14 时 32 分丹江口水库正式通过南水北调工程开始作为水源地向北方地区供应生产、生活用水，其关注度在特定时期呈现爆发性增长。

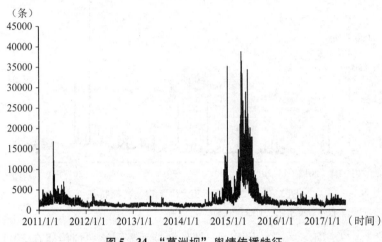

图 5 - 34　"葛洲坝"舆情传播特征

资料来源：作者根据百度指数数据综合整理。

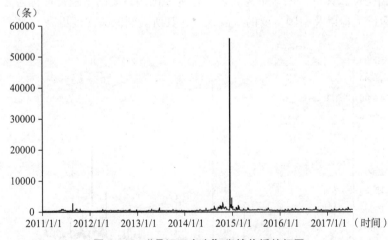

图 5 - 35　"丹江口水库"舆情传播特征图

资料来源：作者根据百度指数数据综合整理。

其次，是关于湖北人的特征的舆情信息传播主题关键词"九头鸟"或"湖北九头鸟"，总体能够代表湖北人的正面特征，如图5-36所示。

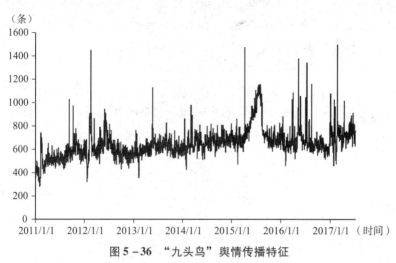

图5-36 "九头鸟"舆情传播特征

资料来源：作者根据百度指数数据综合整理。

"九头鸟"舆情传播特征图显示该主题词传播在数据期间较为平稳，没有较为明显的趋势性波动，表明对湖北特征人方面的舆情关注较为稳定。

再次，能够体现湖北特征历史传统的标志性主题关键词。我们认为湖北省博物馆馆藏文物"曾侯乙编钟"是最能体现湖北省特征的历史传统文化事务，如图5-37所示。

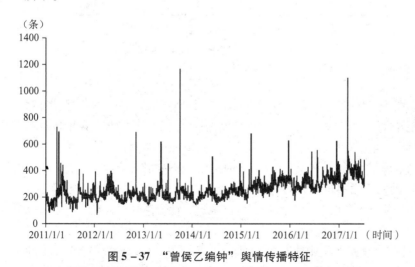

图5-37 "曾侯乙编钟"舆情传播特征

资料来源：作者根据百度指数数据综合整理。

"曾侯乙编钟"舆情传播特征显示该主题词传播在数据期间较为平稳，没有较为明显的趋势性波动，只在 2016 年以来有所上升，总体日平均舆情搜索关注量为 258，表明对湖北特征历史传统文化方面的舆情关注较为稳定。

然后，是湖北代表性人物，如历史人物屈原以及新时期代表人物吴天祥、李娜等。

"屈原"与中国端午节文化传统有密切联系，因此"屈原"舆情传播特征表现有较为明显的周期性特征，即在每年的端午节期间就会周期性引起特别大量的舆情关注，舆情传播特征非常明显地把这一特征表现了出来，且总体趋势逐步上升，如图 5 – 38 所示。

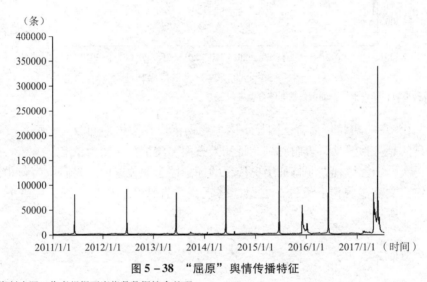

图 5 – 38　"屈原"舆情传播特征

资料来源：作者根据百度指数数据综合整理。

如图 5 – 39、图 5 – 40 所示，"李娜"与"吴天祥"舆情传播特征显示有着明显的差异性，"李娜"湖北特征人物舆情信息传播与李娜本人赛事成绩状况密切相关，每次有重要赛事成绩表现，都能引发舆情关注热潮；"吴天祥"舆情信息传播特征则呈现基本平稳的趋势，在若干时期由于特定报道的缘故会有特别上升表现。

2. 湖北正面舆情事件传播状况分析

我们从历史传统、社会人物、抗洪救灾、社会活动、社会发展、经济建设、行政管理 7 个方面分别选取"武昌起义""信义兄弟""九八抗洪""横渡长江""武汉城市圈""南水北调中线""湖北反腐" 7 个主题关键词以概况反映湖北正面情感倾向性特征的标志性事件，分析湖北特征正面事件的舆情信息传播状况。

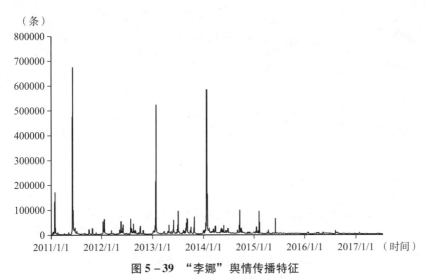

图 5 - 39 "李娜"舆情传播特征

资料来源：作者根据百度指数数据综合整理。

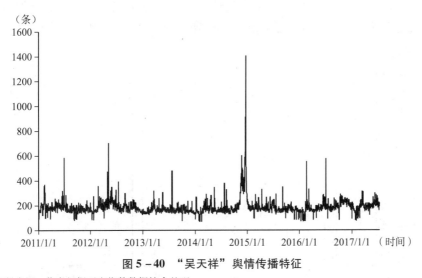

图 5 - 40 "吴天祥"舆情传播特征

资料来源：作者根据百度指数数据综合整理。

如图 5 - 41 所示，"武昌起义"舆情传播特征显示"武昌起义"的搜索舆情也较为稳定，而且在每年武昌起义纪念日期间（10 月 10 日）周期规律性地上升，特征非常明显。

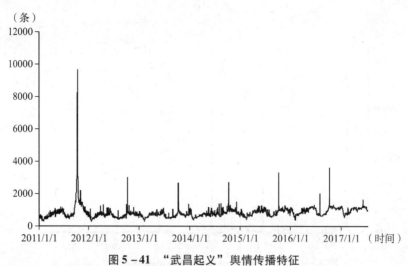

图 5 - 41 "武昌起义"舆情传播特征

资料来源：作者根据百度指数数据综合整理。

　　如图 5 - 42 所示，"信义兄弟"舆情传播特征显示该主题舆情关键词搜索关注状况保持持续状态，而在若干报道期间会引起搜索关注的上升。

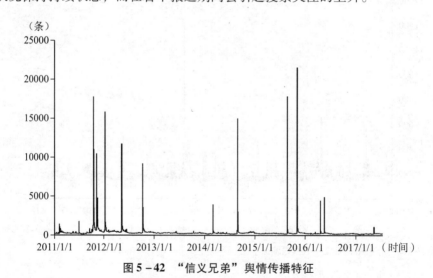

图 5 - 42 "信义兄弟"舆情传播特征

资料来源：作者根据百度指数数据综合整理。

　　如图 5 - 43 所示，"九八抗洪"舆情传播特征显示这一能够反映湖北人民抗洪精神的事件持续受到舆情关注，特别是在 2016 年湖北、武汉地区受到暴雨袭击引发内涝和"看海"传闻期间又再次引发舆情的高度关注。

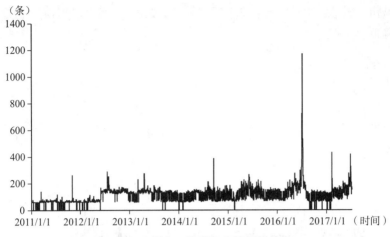

图 5－43 "九八抗洪"舆情传播特征

资料来源：作者根据百度指数数据综合整理。

如图 5－44 所示，"横渡长江"舆情传播特征显示，这一湖北武汉特征社会活动舆情关注度有提升趋势，而且在每年的活动期间呈现周期规律性地爆发，舆情信息传播特征较为明显。

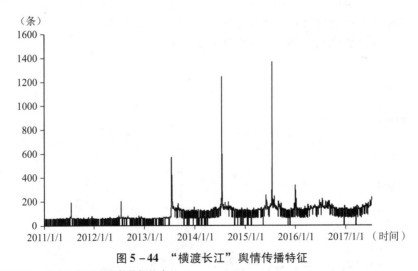

图 5－44 "横渡长江"舆情传播特征

资料来源：作者根据百度指数数据综合整理。

如图 5－45 所示，"武汉城市圈"舆情传播特征显示，"武汉城市圈"这一概念持续受到关注，当有特定事件涉及时会有若干舆情特殊爆发，近年又有"国家中心城市"建设、"长江经济带"等规划的提出，"武汉城市圈"概念舆情热度略有降低。

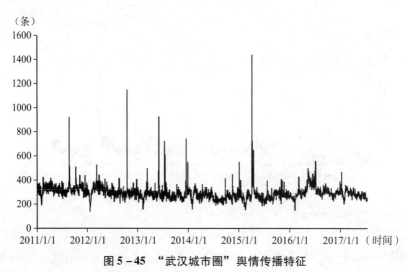

图 5 – 45 "武汉城市圈"舆情传播特征

资料来源：作者根据百度指数数据综合整理。

如图 5 – 46 所示，"南水北调中线"舆情传播特征显示，代表这一国家重点工程，核心部分涉及湖北省的舆情主题关键词持续受到关注，尤其是在 2014 年底丹江口水库开始供水期间，舆情热度达到高峰。

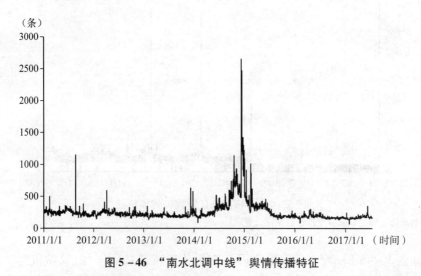

图 5 – 46 "南水北调中线"舆情传播特征

资料来源：作者根据百度指数数据综合整理。

如图 5 – 47 所示，"湖北反腐"舆情传播特征显示，自 2014 年 1 月 1 日收集该舆情数据以来，这一主题关键词也持续受到关注，这与国内加强反腐的总体形势一致。

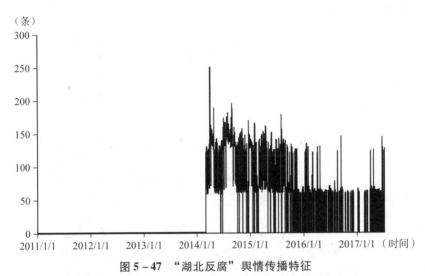

图 5 – 47　"湖北反腐"舆情传播特征

资料来源：作者根据百度指数数据综合整理。

（二）湖北负面舆情信息传播状况

根据我们的信息检索收集和整理分析，湖北近期并未发生在全国范围内有重大影响的负面舆情事件，已经发生的一些负面舆情信息传播也没有对湖北整体舆情状况和投资环境状况造成重大影响。我们以下分湖北特征负面舆情信息传播和湖北负面舆情事件信息传播两个部分进行系统分析。

1. 湖北特征负面舆情信息传播特征分析

我们将具有湖北特征但并非突发性的负面舆情信息归为湖北特征负面舆情信息传播。我们选取了"湖北水灾""武汉雾霾"两个有代表性的负面特征舆情信息进行了系统分析，分别代表湖北自然条件、环保状况两个方面的负面特征信息传播。我们利用"百度指数"的搜索指数进行了上述相关关键词的负面舆情信息传播分析。

"湖北水灾"舆情传播特征（见图 5 – 48）显示"湖北水灾"舆情具有较为明显的周期规律性，每年年中雨季"湖北水灾"舆情就会有一次明显的热潮，表明湖北作为长江沿岸的千湖之省，防洪任务仍然受到各界的关注。

（条）

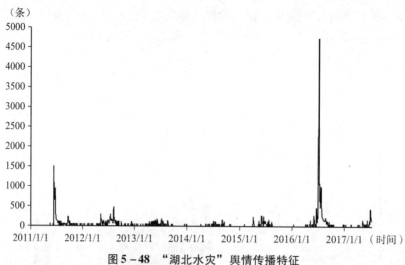

图 5 – 48 "湖北水灾"舆情传播特征

资料来源：作者根据百度指数数据综合整理。

从"武汉雾霾"舆情传播特征（见图 5 – 49）可以发现，尽管武汉在全国范围内并不是雾霾最为严重的地区，但作为一个超大型城市，雾霾问题仍然备受关注，特别是由于全国范围内其他雾霾严重地区受到特别关注的时候，武汉的雾霾问题也会受到一定程度的关注；另外，每年的年初，由于季节原因，雾霾问题也会特别受到关注，武汉作为超大城市其雾霾问题也随之受到更多关注。

（条）

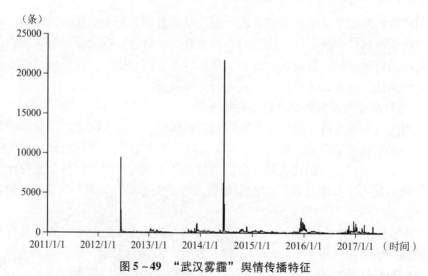

图 5 – 49 "武汉雾霾"舆情传播特征

资料来源：作者根据百度指数数据综合整理。

2. 湖北负面舆情事件传播特征分析

我们将湖北发生的突发性、短期大量传播的负面舆情信息归为湖北负面舆情事件信息传播。我们选取了"湖北电梯吃人"互联网大数据显示受关注较多、综合涉及诸多方面、又存在许多负面信息传播的舆情信息传播事件进行分析。

"湖北电梯吃人"舆情传播特征（见图5－50）显示该事件舆情信息传播明显具有短期性特征，只是在事件发生是引发了短期的舆情关注，随着事件的处理，其舆情关注便迅速归于平静。

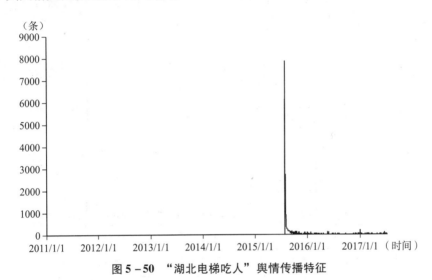

图5－50 "湖北电梯吃人"舆情传播特征

资料来源：作者根据百度指数数据综合整理。

通过上述分析，我们发现：湖北舆情的正面特征信息在较长时期具有持续稳定传播的特征，正面事件信息具有在特定时期传播的特征；湖北负面特征舆情信息和负面事件的舆情传播特征具有特定时期性，关注时间区间有限。因此，总体而言，湖北舆情信息传播的正面作用占主要成分，负面信息传播的作用并不占主要方面。

四、湖北各地区舆情关注度状况分析

我们对湖北省包括武汉、黄石、十堰、宜昌、襄阳、鄂州、荆门、孝感、荆州、黄冈、咸宁、随州在内的12个地级市、恩施1个自治州以及仙桃、潜江、天门3个直管县级市和神农架1个林区共计17个行政单位以其名称为关键词进行了舆情数据统计。我们使用百度指数的"搜索指数"和"媒体指数"分别收集了自 2011 年 1 月 1 日至 2017 年 6 月 26 日的"搜索指数"和"媒体指数" 30 日移动平均日数据，分别收集到 40273 个有关舆情数据，共计 80546 个数据，由于数据量较大而未在本研究中给出，若需查阅可提供备查。

（一）基于湖北各地区舆情数据的纵向动态分析

我们通过湖北省 17 市州地区百度指数的"搜索指数"和"媒体指数" 2011 年 1 月 1 日至 2017 年 6 月 26 日的 30 日移动平均日数据动态舆情传播特征来分析其舆情关注特征，如图 5 - 51 所示。

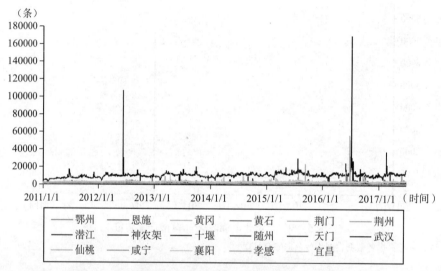

图 5 - 51 湖北省 17 市州地区百度"搜索指数"舆情传播特征

资料来源：作者根据百度指数数据综合整理。

湖北省 17 市州地区百度"搜索指数"舆情传播特征显示湖北省 17 市州地区的舆情关注状况较为平稳，没有明显的趋势变化，逐渐增长的趋势较为平缓；另外，17 个市州地区中武汉市的舆情关注明显多于其他地区，与武汉市比较，其他地区的舆情受关注状况较难区分。

湖北省 17 市州地区百度"媒体指数"舆情传播特征（见图 5 - 52）显示湖北省 17 市州地区的舆情关注状况较为平稳，没有明显的趋势变化；另外，17 个市州地区中武汉市的舆情关注明显多于其他地区，与武汉市比较，其他地区的舆情受关注状况较难区分；再者，媒体舆情关注热点与网民搜索舆情关注热点特征还是有着明显区别，因此，在区域舆情分析中应加以区别。

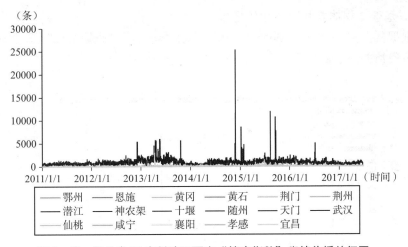

图 5 – 52　湖北省 17 市州地区百度"搜索指数"舆情传播特征图

资料来源：作者根据百度指数数据综合整理。

（二）基于湖北各地区舆情数据的横向比较分析

我们对湖北省内 17 个行政单位的舆情关注情况分别按照百度指数中的"搜索指数"和"媒体指数"进行了横向比较排名。

1. 基于"搜索指数"的比较排名

根据截至 2017 年 6 月 26 日的 30 日移动平均百度"搜索指数"湖北 17 个行政单位舆情关注数量见图 5 – 53。

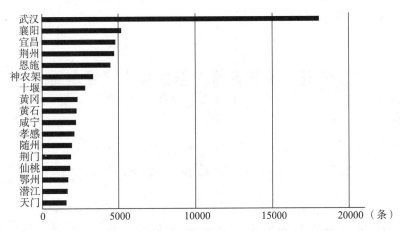

图 5 – 53　百度"搜索指数"反映的湖北各地区舆情关注数量

资料来源：作者根据百度指数数据综合整理。

2. 基于"媒体指数"的比较排名

根据截至 2017 年 6 月 26 日的 30 日移动平均百度"媒体指数"湖北 17 个行政单位舆情关注数量见图 5 - 54。

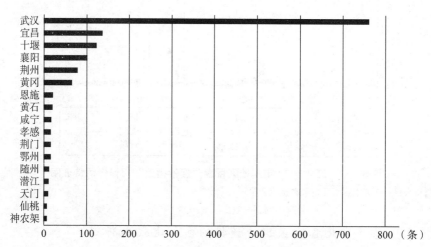

图 5 - 54　百度"媒体指数"反映的湖北各地区舆情关注排名

资料来源：作者根据百度指数数据综合整理。

从图 5 - 53、图 5 - 54 的直观观察，基于百度指数中的"搜索指数"和"媒体指数"进行的湖北各地区舆情关注横向比较排名基本以各地区的经济社会发展规模相一致，武汉、襄阳、宜昌等地区以其规模优势而排名靠前，随后我们将进一步进行较为系统的实证分析。

第四节　湖北舆情的影响因素实证分析

一、基于省区市数据的区域舆情影响因素实证分析

（一）湖北舆情影响因素实证模型与变量选择

我们首先建立基于省级横截面数据的多元线性回归模型：

$$Y_n = a_0 + a_1X_1 + a_2X_2 + \cdots + a_nX_n + \varepsilon$$

其中：

Y_n 为各省级行政区舆情被解释变量，我们分别选取中国知网、新浪新闻、百度新闻、新浪微博、天涯社区、百度贴吧、人民网舆情频道、中青在线舆情频道 8 个信息平台的湖北舆情数据以及 8 个平台舆情数据的简单加总数据、最小值标准化加总数据和中位数标准化加总数据等 3 个加总数据作为湖北舆情被解释变量的代理变量，因此 n 为 1～11。数据时间截至 2017 年 6 月 26 日。

X_n 为解释变量，我们同时选取各省级行政区一系列经济社会发展指标作为解释变量，并将这些解释变量分为 14 大类：自然条件、经济状况、政府财政、投资发展、社会发展、科技发展、教育发展、创新生产、文化旅游、环境状况、公益事业、卫生条件、生活条件、交通条件。基于数据代表性和可得性，我们分别从 14 大类经济社会发展解释变量指标中选取了相应的代理变量：自然条件（人口数）、经济状况（人均地区生产总值）、政府财政（地方财政一般预算支出）、投资发展（全社会固定资产投资）、社会发展（城乡居民社会养老保险基金支出）、科技发展（国内发明专利申请受理量）、教育发展（普通高等学校招生数）、创新生产（规模以上工业企业 R&D 经费）、文化旅游（国际旅游外汇收入）、环境保护（无害化处理厂数）、公益事业（社会捐赠款物）、卫生条件（每万人拥有卫生技术人员数）、生活条件（连锁零售企业门店总数）、交通条件（客运量）。因此，n 为 1～14。经济社会发展数据来源于国家统计局网站数据库，数据时间为 2015 年。

a_0 为常数；a_n 为系数，n 为 1～14；ε 为随机扰动项。

（二）湖北省舆情影响因素实证检验结果与分析

我们的回归分析结果见表 5－3。

综合以上 11 个模型的回归结果，各个变量在 11 个模型中有不同的显著性表现：变量 X_1 自然条件（人口数）、X_{10} 环境保护（无害化处理厂数）、X_{11} 公益事业（社会捐赠款物）在 9 个模型中呈现不同水平的显著；变量 X_{12} 卫生条件（每万人拥有卫生技术人员数）、X_{13} 生活条件（连锁零售企业门店总数）在 8 个模型中呈现不同水平的显著；变量 X_2 经济状况（人均地区生产总值）在 7 个模型中呈现不同水平的显著；变量 X_{14} 交通条件（客运量）在 6 个模型中呈现不同水平的显著；变量 X_8 创新生产（规模以上工业企业 R&D 经费）在 4 个模型中呈现不同水平的显著；变量 X_6 科技发展（国内发明专利申请受理量）在 1 个模型中呈现不同水平的显著；变量 X_3 政府财政（地方财政一般预算支出）、X_4 投资发展（全社会固定资产投资）、X_5 社会发展（城乡居民社会养老保险基金支出）、X_7 教

表 5-3　区域舆情影响因素横截面数据回归分析结果

变量	Y_1	Y_2	Y_3	Y_4	Y_5	Y_6	Y_7	Y_8	Y_9	Y_{10}	Y_{11}
a_0	-1229548 *** (-4.45)	-9907135 *** (-5.18)	746977.9 (1.67)	-430000000 *** (-4.35)	-125.162 (-0.14)	-64000000 *** (-4.7)	-528337 *** (-4.5)	-359952 *** (-4.75)	-505245345.80 *** (-4.46)	-112.67073. ** (-2.07)	-26.511171 * (-2.49)
X_1	1.696599 * (2.5)	13.79302 ** (2.93)	0.469785 (0.43)	509.99566. (2.1)	0.001993 (0.89)	122.9595 ** (3.7)	0.807894 * (2.8)	0.500032 * (2.69)	649.60 * (2.33)	0.00028. (2.07)	0.000066 * (2.52)
X_2	7.190507 * (2.31)	48.71937 * (2.25)	-2.27437 (-0.45)	2815.7524 * (2.52)	0.005966 (0.58)	451.4249 *** (2.96)	2.937924 * (2.22)	1.680071. (1.96)	3327.30 * (2.6)	0.0094 (1.52)	0.000203 (1.69)
X_3	8.738251 (0.11)	-449.365 (-0.83)	41.10065 (0.32)	6487.0404 (0.23)	0.254898 (0.99)	-2740.88 (-0.71)	-12.7361 (-0.38)	-23.5898 (-1.1)	3281.42 (-0.1)	0.00969 (0.63)	0.001136 (0.38)
X_4	-13.079 (-0.82)	-117.376 (-1.07)	29.58358 (1.15)	-5229.363 (-0.92)	0.040137 (0.77)	-811.428 (-1.04)	-4.89997 (-0.73)	-2.78153 (-0.64)	-6142.16 (-0.94)	0.00113 (0.36)	0.000222 (0.36)
X_5	-2783.8 (-0.84)	-33358.8 (-1.44)	-7025.95 (-1.3)	-454293.9 (-0.38)	0.954106 (0.09)	-201729 (-1.24)	-1378.49 (-0.97)	-1235.14 (-1.35)	-701749.8 (-0.51)	-0.36905 (-0.56)	-0.156841 (-1.22)
X_6	1.685716 (0.54)	27.14159 (1.25)	24.9763 *** (4.93)	-93.44641 (-0.08)	-0.00976 (-0.95)	112.7836 (0.74)	1.031769 (0.78)	1.300936 (1.52)	80.4 (-0.06)	0.00009 (0.15)	0.000258 * (2.14)
X_7	-2864.94 (-0.21)	-14682.7 (-0.16)	-25889.5 (-1.19)	-62768.15 (-0.01)	-31.7038 (-0.72)	-263186 (-0.4)	-2280.2 (-0.4)	-1200.61 (-0.33)	-358465.25 (-0.07)	-2.21694 (-0.84)	-0.560255 (-1.08)
X_8	-0.08127. (-1.79)	-0.53069 (-1.69)	-0.04219 (-0.57)	-27.49124 (-1.69)	-0.00028. (-1.89)	-1.59265 (-0.72)	-0.02823 (-1.46)	-0.02337. (-1.88)	-29.82 (-1.6)	-0.00002 * (-2.34)	-0.000004 * (-2.41)
X_9	-15.7878 (-0.53)	-8.97808 (-0.04)	-11.8322 (-0.25)	-11803.79 (-1.11)	0.037865 (0.39)	-2111.43 (-1.46)	-3.75345 (0.3)	2.466098 (0.3)	-13970.51 (-1.15)	0.00027 (0.05)	-0.000182 (-0.16)

续表

变量	Y_1	Y_2	Y_3	Y_4	Y_5	Y_6	Y_7	Y_8	Y_9	Y_{10}	Y_{11}
X_{10}	-14025.6. (-2.06)**	-91001.6. (-1.93)	-7495.84 (-0.68)	-6230966 (-2.56)*	-39.7142. (-1.78)	-1212287** (-3.64)	-6699.73* (-2.32)	-2472.97 (-1.33)	-7565558.91* (-2.72)	-3.51114* (-2.62)	-0.727458* (-2.78)
X_{11}	13159.47* (2.26)	91167.83* (2.26)	-25626.2* (-2.72)	3909533.5. (1.88)	36.72403. (1.92)	461735.2 (1.62)	4591.632 (1.86)	3343.365. (2.1)	4453957.40. (1.87)	2.50871* (2.19)	0.291218 (1.3)
X_{12}	20189.65** (3.66)	158115.3*** (4.13)	-11486.9 (-1.28)	6226715.4** (3.15)	-2.55106 (-0.14)	989184.3** (3.66)	9011.75** (3.84)	5892.923** (3.89)	7393270.22** (3.27)	1.54884 (1.42)	0.394134. (1.85)
X_{13}	25.10244* (2.17)	113.3574 (1.42)	12.02011 (0.64)	18365.546*** (4.44)	0.070696. (1.86)	1880.714** (3.32)	9.864463. (2.01)*	2.639504 (0.83)	20430.50*** (4.31)	0.00629* (2.76)	0.001274* (2.86)
X_{14}	-4.50551* (-2.36)	-17.3042 (-1.31)	1.535257 (0.5)	-1475.505* (-2.16)	-0.01486* (-2.37)	-139.86 (-1.5)	-1.35238 (-1.67)	-0.4493 (-0.86)	-1638.49. (-2.09)*	-0.00099* (-2.62)	-0.000162* (-2.2)
R^2	0.9063	0.9078	0.666	0.9094	0.632	0.9076	0.8948	0.889	0.91	0.83	0.87
调整的R^2	0.8244	0.8271	0.3738	0.8302	0.3099	0.8267	0.8027	0.7918	0.83	0.68	0.75

注：表中数字为相应变量系数；表中第二行括号内的数字为 t 值。*** 表示 0.1%水平显著，** 表示 1%水平显著，* 表示 5%水平显著，. 表示 10%水平显著。

育发展（普通高等学校招生数）、X_9 文化旅游（国际旅游外汇收入）在所有 11 个模型中均不显著。

各个模型中以简单加总舆情数据为被解释变量 Y_9 的模型拟合优度最高，该模型以 14 个经济社会发展数据为解释变量的回归结果显示，能够较为显著地解释舆情的经济社会变量依次包括：生活条件（连锁零售企业门店总数）、卫生条件（每万人拥有卫生技术人员数）、环境保护（无害化处理厂数）、经济状况（人均地区生产总值）、自然条件（人口数）、交通条件（客运量）、公益事业（社会捐赠款物）。

回归结果表明自然条件（人口数）和环境保护（无害化处理厂数）、X_{11} 公益事业（社会捐赠款物）等日益受到大众关注的议题以及卫生条件（每万人拥有卫生技术人员数）、生活条件（连锁零售企业门店总数）、经济状况（人均地区生产总值）、交通条件（客运量）等与老百姓日常生活关系最为密切的因素是区域舆情的最主要影响因素。

二、基于湖北省"百度指数"时间序列舆情数据的实证分析

（一）湖北省百度指数舆情数据的平稳性检验

我们对 2011 年 1 月 1 日至 2017 年 6 月 24 日湖北省"百度指数"的"搜索指数" 2367 个日数据进行时间序列数据的平稳性检验，对时间数据序列做散点图见图 5 - 55。

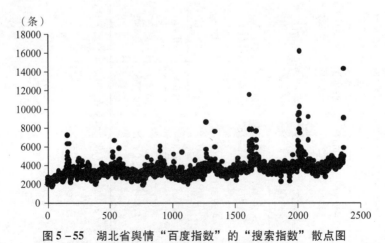

图 5 - 55　湖北省舆情"百度指数"的"搜索指数"散点图

资料来源：作者根据百度指数数据进行时间序列数据的平稳性检验后综合整理。

我们使用 ADF 检验方法，得到的 ADF 检验值为 − 16.216，p 值为 0.0000，结合数据序列散点图，我们认为该时间数据序列为平稳数据序列，因此可以建立 ARIMA 模型并进行模型拟合。

（二）基于百度指数的湖北省舆情数据 ARIMA 模型拟合

我们利用湖北省舆情"百度指数"的"搜索指数"建立 ARIMA 模型，拟合结果见表 5 − 4。

表 5 − 4　　湖北省舆情"百度指数"的"搜索指数" ARIMA 模型拟合结果

arima(1, 0, 1)			
变量	ar1	ma1	截距项
系数	0.8830	− 0.2411	3563.7435
s. e.	0.0143	0.0324	70.8349
sigma^2		283512	
log likelihood		− 18218.03	
aic		36444.06	

资料来源：作者根据百度指数数据建立 ARIMA 模型后综合整理。

模型拟合系数较为显著，说明理由 ARIMA 模型进行湖北省百度"搜索指数"舆情预测是较为合理的。

三、基于湖北省分类舆情数据的实证分析

我们基于 2011 年 1 月 1 日至 2017 年 6 月 24 日的湖北省百度"搜索指数"舆情日数据与相应的湖北省百度"搜索指数" 7 个分类舆情日数据，首先采用 ADF 检验方法对各个时间序列变量进行平稳性的单位根检验；其次进行湖北省总体舆情被解释变量与各分类舆情解释变量间的协整关系检验。我们分别选取湖北省百度"搜索指数" 7 个分类舆情日数据的关键词：基础设施（湖北交通）、政府管理（湖北政府）、企业发展（武钢）、自然资源（湖北旅游）、文化历史（黄鹤楼）、科技教育（湖北教育）、社区居民（湖北人）。括号中为使用的各类别舆情相应关键词。

（一）湖北省百度"搜索指数"分类舆情数据的平稳性检验

我们在上一部分内容中对百度"搜索指数"的平稳性进行了检验，在此，再

对湖北省百度"搜索指数"分类舆情数据进行平稳性检验，检验结果见表5-5。

表5-5　　　　　湖北省百度"搜索指数"分类舆情数据平稳性检验结果

舆情分类变量	Dickey – Fuller =	p – value =
基础设施（湖北交通）	-7.6954	0.01
政府管理（湖北政府）	-3.0718	0.1245
企业发展（武钢）	-8.5183	0.01
自然资源（湖北旅游）	-6.6485	0.01
文化历史（黄鹤楼）	-6.5727	0.01
科技教育（湖北教育）	-8.1897	0.01
社区居民（湖北人）	-4.1753	0.01

资料来源：作者根据百度指数数据进行平稳性检验后综合整理。

表5-4检验结果表明7个分类舆情数据除"政府管理（湖北政府）"外均基本平稳，通过观察"政府管理（湖北政府）"时间序列数据散点图（见图5-56）发现其数据在2012年9月18日有一个明显的跳跃点，可能由未知原因产生。

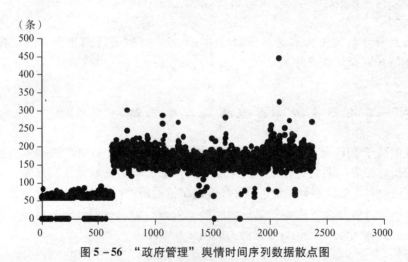

图5-56　"政府管理"舆情时间序列数据散点图
资料来源：作者根据百度指数数据进行时间序列数据的平稳性检验后综合整理。

为了保持数据平稳性，我们对此项数据进行了处理，用2012年9月18日以后该项数据的平均值对2011年1月1日至2012年9月17日数据进行了数据相加，然后用2011年1月1日至2012年9月17日的数据平均值对相加后的数据进行了相减，调整后的数据 ADF 检验结果：Dickey – Fuller = – 7.6536、p – value = 0.01，调整后的数据散点图见图 5 – 57。

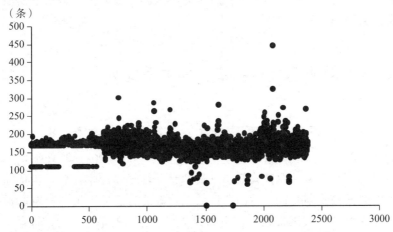

图5 – 57 调整的"政府管理"舆情时间序列数据散点图

资料来源：作者根据百度指数数据进行时间序列数据的平稳性检验后综合整理。

我们发现经调整的"政府管理（湖北政府）"百度"搜索指数"舆情数据基本平稳。

（二）湖北省百度"搜索指数"分类舆情数据的回归分析

通过以上的时间序列数据平稳性检验，我们以湖北省百度"搜索指数"为被解释变量，以经过调整的湖北省百度"搜索指数"7 个分类舆情日数据为解释变量进行回归分析，数据日期为 2011 年 1 月 1 日至 2017 年 6 月 24 日，各个变量样本数量为 2367 个，分析结果见表 5 – 6。

表 5 – 6   湖北省百度"搜索指数"分类舆情数据的回归分析结果

变量	a_0	X_1	X_2	X_3	X_4	X_5	X_6	X_7
Y	– 1049 *** （– 6.76）	1.054 ** （2.699）	9.788 *** （17.058）	0.0821 *** （5.956）	0.3878 *** （5.832）	0.2187 *** （25.27）	2.296 *** （19.494）	2.133 *** （8.092）
R^2	0.4195							
调整的 R^2	0.4178							

注：表中数字为相应变量系数；表中第二行括号内的数字为 t 值。*** 表示 0.1% 水平显著，** 表示 1% 水平显著。

资料来源：作者根据百度指数数据综合整理。

根据回归结果，我们发现各个分类舆情解释变量对湖北舆情被解释变量均有较为显著的解释作用，显示湖北整体舆情受到各个分类舆情的影响，是各分类舆情的综合反映；但是模型整体显著性水平并不太高，我们估计是由于模型未考虑实际经济社会解释变量的原因。

四、基于湖北正负面舆情数据的实证分析

（一）湖北省舆情与"百度指数"正负面舆情数据

我们基于湖北省区域舆情即百度"搜索指数"舆情 2011 年 1 月 1 日至 2017 年 6 月 24 日共计 2367 天的日数据，以及湖北省百度"搜索指数"正负面舆情相对应的日度数据检验湖北省正负面舆情数据对湖北省区域舆情的影响。根据我们以上对湖北省百度"搜索指数"正负面舆情传播特征的基本分析，选择了一系列关键词分别作为湖北正负面舆情的代理变量。我们选择的正面舆情关键词变量包括："三峡大坝""武汉城市圈""武汉长江大桥""九八抗洪""李娜"。我们选择的负面舆情关键词变量为"湖北电梯吃人"。

（二）湖北省区域舆情与正负面舆情月度数据的平稳性检验

我们运用 ADF 检验方法对湖北省区域舆情阅读数据与"百度指数"正负面舆情数据进行单位根检验。检验数据见表 5 - 7。

表 5 - 7　湖北省正负面舆情影响区域舆情的相关时间序列数据平稳性检验

变量	Test Statistic	1% Critical Value	5% Critical Value	10% Critical Value	p-value	平稳性
湖北舆情	− 16.216	− 3.430	− 2.860	− 2.570	0.0000	平稳
三峡大坝	− 19.000	− 3.430	− 2.860	− 2.570	0.0000	平稳
武汉城市圈	− 23.062	− 3.430	− 2.860	− 2.570	0.0000	平稳
武汉长江大桥	− 22.466	− 3.430	− 2.860	− 2.570	0.0000	平稳
九八抗洪	− 20.837	− 3.430	− 2.860	− 2.570	0.0000	平稳
李娜	− 23.117	− 3.430	− 2.860	− 2.570	0.0000	平稳
湖北电梯吃人	− 17.534	− 3.430	− 2.860	− 2.570	0.0000	平稳

资料来源：作者根据百度指数数据综合整理。

经检验，湖北区域舆情以及"三峡大坝""武汉城市圈""武汉长江大桥""九八抗洪""李娜""湖北电梯吃人"等舆情变量的时间序列数据均为平稳变量。

（三）湖北省百度"搜索指数"正负面舆情影响区域舆情的回归分析

通过以上各个变量的时间序列数据平稳性检验，我们以湖北省区域舆情为被解释变量，以湖北省百度"搜索指数"6个正负面舆情月度数据为解释变量进行回归分析，数据时期为 2011 年 1 月 1 日至 2017 年 6 月 24 日，各个变量样本数量为 2367 个，分析结果见表 5 – 8。

表 5 – 8　　　湖北省百度"搜索指数"正负面舆情影响区域舆情的回归分析

变量	a_0	X_1	X_2	X_3	X_4	X_5	X_6
Y	0.108 *** (12.16)	0.716 *** (3.29)	0.539 ** (13.72)	3.210 *** (11.38)	− 0.001 *** (− 1.38)	− 0.352 (− 2.74)	2336.6 *** (31.69)
R^2	0.3839						
调整的 R^2	0.382						

注：表中数字为相应变量系数；表中第二行括号内的数字为 t 值。*** 表示 0.1% 水平显著，** 表示 1% 水平显著，* 表示 5% 水平显著，. 表示 10% 水平显著。

资料来源：作者根据百度指数数据综合整理。

表 5 – 7 中 Y 表示被解释变量即区域舆情；X_1 ~ X_6 代表 6 个正负面舆情解释变量。根据回归结果，我们发现正负面舆情解释变量中"三峡大坝""武汉长江大桥""九八抗洪""湖北电梯吃人"对湖北区域舆情在 0.1% 显著性水平上具有解释作用，"武汉城市圈"对湖北区域舆情在 1% 显著性水平上具有解释作用，显示湖北区域舆情受到正负面舆情的影响，是正负面舆情的综合反映；但是模型整体显著性水平并不太高，我们估计是由于模型未考虑实际经济社会解释变量的原因。

五、基于湖北省各市州数据的实证分析

（一）湖北省舆情与"百度指数"湖北省各市州地区舆情数据

我们基于湖北省区域舆情即百度"搜索指数"2011 年 1 月 1 日至 2017 年 6 月 24 日共计 2367 天的月数据，以及湖北省百度"搜索指数"各市州地区舆情相对应的日数据检验湖北省各市州地区舆情数据对湖北省区域舆情的影响。根据我们以上对湖北省百度"搜索指数"各市州地区舆情传播特征的基本分析，选择了舆情关注度排名前7位的湖北省市州地区作为代表。我们选择的7个湖北省市州地区包括：武汉、襄阳、宜昌、荆州、神农架、十堰、恩施。

（二）湖北省区域舆情与各市州地区舆情月度数据的平稳性检验

我们运用 ADF 检验方法对湖北省区域舆情阅读数据与"百度指数"各市州地区舆情数据进行单位根检验。检验数据见表5-9。

表5-9　湖北省各市州地区舆情影响区域舆情的相关时间序列数据平稳性检验

舆情变量	Test Statistic	1% Critical Value	5% Critical Value	10% Critical Value	p-value	平稳性
湖北	-16.216	-3.430	-2.860	-2.570	0.0000	平稳
武汉	-24.286	-3.430	-2.860	-2.570	0.0000	平稳
襄阳	-11.867	-3.430	-2.860	-2.570	0.0000	平稳
宜昌	-16.417	-3.430	-2.860	-2.570	0.0000	平稳
荆州	-17.684	-3.430	-2.860	-2.570	0.0000	平稳
神农架	-17.637	-3.430	-2.860	-2.570	0.0000	平稳
十堰	-15.350	-3.430	-2.860	-2.570	0.0000	平稳
恩施	-6.779	-3.430	-2.860	-2.570	0.0000	平稳

资料来源：作者根据百度指数数据综合整理。

经检验，湖北区域舆情以及武汉、襄阳、宜昌、荆州、神农架、十堰、恩施等市州地区舆情变量的时间序列数据均为平稳变量。

（三）湖北省百度"搜索指数"各市州地区舆情影响区域舆情的回归分析

通过以上各个变量的时间序列数据平稳性检验，我们以湖北省区域舆情为被解释变量，以湖北省百度"搜索指数"7个市州地区舆情日数据为解释变量进行回归分析，数据时期为2011年1月1日至2017年6月24日，各个变量样本数量为2367个，分析结果见表5-10。

表 5 – 10　湖北省百度"搜索指数"各市州地区舆情影响区域舆情的回归分析

变量	a_0	X_1	X_2	X_3	X_4	X_5	X_6	X_7
Y	678.9 *** (9.84)	0.07 *** (25.65)	0.13 *** (6.49)	0.13 *** (7.09)	0.29 *** (13.71)	0.01 (1.26)	0.24 *** (6.29)	– 0.01 (– 0.87)
R^2	0.5721							
调整的 R^2	0.5708							

注：表中数字为相应变量系数；表中第二行括号内的数字为 t 值。*** 表示 0.1% 水平显著，** 表示 1% 水平显著，* 表示 5% 水平显著，. 表示 10% 水平显著。

资料来源：作者根据百度指数数据综合整理。

表 5 – 10 中 Y 表示被解释变量即区域舆情；$X_1 \sim X_7$ 代表 7 个湖北省各市州地区舆情解释变量。根据回归结果，我们发现武汉、襄阳、宜昌、荆州、十堰 5 个市州地区舆情对湖北区域舆情均在 0.1% 显著性水平上具有解释作用，显示湖北区域舆情受到各市州地区舆情的影响，是湖北省各市州地区舆情的综合反映；但是模型整体显著性水平并不太高，我们估计是由于模型未考虑实际经济社会解释变量的原因。

第五节　湖北舆情影响投资发展的实证研究

一、基于省区市数据的区域舆情影响投资发展实证分析

（一）湖北省舆情影响区域投资实证模型与变量选择

我们首先建立基于省级横截面数据的多元线性回归模型：

$$I_n = \beta_0 + \beta_1 V_1 + \beta_2 V_2 + \cdots + \beta_n V_n + P_n + \sigma$$

其中：

I_n 为省级行政区投资发展被解释变量，我们选取全社会固定资产投资作为湖北投资发展被解释变量的代理变量。经济社会发展数据来源于国家统计局网站数据库。数据时间为 2016 年。

V_n 为省级行政区经济社会发展解释变量，我们同时选取一系列经济社会发

展指标作为解释变量，并将这些解释变量分为3大类：自然条件、经济状况、政府财政。基于数据代表性和可得性，我们分别从3大类经济社会发展解释变量指标中选取了相应的代理变量：自然条件（人口数）、经济状况（人均地区生产总值）、政府财政（地方财政一般预算支出）。因此，n 为 1～3。经济社会发展数据来源于国家统计局网站数据库。数据时间为 2015 年。

P_n 为各省级行政区舆情解释变量，我们选取分别百度新闻、新浪新闻、中国知网、新浪微博、天涯社区、百度贴吧、人民网舆情频道、中青在线舆情频道 8 个信息平台的省级行政区舆情数据作为湖北舆情被解释变量的代理变量，因此 n 为 1～8。数据时间截至 2015 年。

β_0 为常数；β_n 为系数，n 为 1～3；σ 为随机扰动项。

基于 P_n 的不同而构建 8 个不同的回归模型，我们将其定义为 M_n，其中 n 为 1～8。

（二）湖北省舆情影响区域投资实证检验结果与分析

回归结果见表 5 – 11。

拟合水平最高的模型 9 即 M_9 以 V_n（n = 1，2，3）和 P_n（n = 1，2，3，…，8）为解释变量，其中 V_n（n = 1，2，3）为控制变量，P_n（n = 1，2，3，…，8）为观察变量。变量显著性依次为新浪新闻、中青在线舆情频道、经济状况（人均地区生产总值）、百度贴吧、中国知网、自然条件（人口数）。新浪新闻、中青在线舆情频道、百度贴吧、中国知网 4 个舆情信息渠道的信息传播均对区域投资发展有着显著的影响，尤其是以新浪新闻、中青在线舆情频道为代表的信息传播对区域投资有着突出的显著影响，其显著性大于经济社会发展指标。

二、基于湖北省投资与"百度指数"时间序列舆情数据的实证分析

（一）湖北省投资与"百度指数"时间序列舆情数据

我们从国家统计局的数据库信息整理获得湖北省"固定资产投资"月度数据。由于该数据库为月度累计数据，所以我们使用了差分方法得到月度数据；另外，该数据缺少 1 月份数据，我们采用前后相邻月度数据平均的方法补缺，数据日期为 2011 年 2 月至 2017 年 6 月。

表 5 - 11　　区域舆情对区域投资影响省区市数据回归分析结果

变量	M_1	M_2	M_3	M_4	M_5	M_6	M_7	M_8	M_9
β_0	-4801.8. (-1.92)	-6216.27* (-2.59)	-5568.034* (-2.39)	-5954.86* (-2.47)	-4535.27. (-1.88)	-6115.52* (-2.52)	-5601.2* (-2.43)	-5702.4* (-2.42)	-7952.31** (-3.13)
V_1	0.0371*** (7.08)	0.033608*** (6.6)	0.034*** (6.75)	0.0346*** (6.77)	0.04*** (6.75)	0.03694*** (7.54)	0.03** (7.07)	0.03** (6.96)	0.01. (2.08)
V_2	0.1788** (3.47)	0.216378*** (4.28)	0.217*** (4.19)	0.21385*** (4.09)	0.18*** (3.57)	0.22238*** (4.13)	0.22** (4.27)	0.21** (4.12)	0.13* (2.71)
V_3	-2.5328* (-2.58)	-1.86736. (-1.95)	-1.896. (-1.96)	-1.99178. (-2.05)	-2.25* (-2.28)	-2.25041* (-2.41)	-1.98* (-2.09)	-2.1* (-2.22)	0.51 (0.49)
P_1	0.0002 (0.09)								0.0008 (-0.46)
P_2		-0.00076* (-2.28)							-0.01*** (-4.38)
P_3			-0.005. (-1.99)						0.03* (2.4)
P_4				-0.0001. (-1.82)					0.00002 (-0.84)
P_5					-1.36 (-1.15)				-0.48 (-0.43)
P_6						-0.00009. (-1.85)			0.00047* (2.55)

续表

变量	M_1	M_2	M_3	M_4	M_5	M_6	M_7	M_8	M_9
P_7							−0.01* (−2.11)		−0.05 (−1.06)
P_8								−0.02. (−1.92)	0.29*** (4.09)
R^2	0.8792	0.8997	0.8951	0.8927	0.885	0.8932	0.8967	0.8942	0.9505
调整的 R^2	0.8606	0.8842	0.8789	0.8762	0.8673	0.8768	0.8809	0.8779	0.9219

注：表中数字为相应变量系数；表中第二行括号内的数字为 t 值。**** 表示 0.1% 水平显著，*** 表示 1% 水平显著，* 表示 5% 水平显著，. 表示 10% 水平显著。

资料来源：作者根据国家统计局网站数据库与百度新闻、新浪新闻、中国知网、新浪微博、天涯社区、人民网舆情频道、中青在线舆情频道 8 个信息平台综合整理。

我们将湖北百度"搜索指数"舆情数据整理为月度数据，数据日期为2011年2月至2017年6月。

为了消除异方差的影响，我们分别对湖北省投资与"百度指数"时间序列舆情数据取对数，依次检验两者的关系，其经济意义可以反映两者的增长率状况。

（二）投资与舆情月度数据的平稳性检验

我们运用ADF检验方法对整理后的湖北省投资与"百度指数"时间序列舆情数据进行单位根检验，两个时间序列数据对数值的一阶差分为平稳，所以为一阶单整。检验数据见表5-12。

表5-12 湖北省投资与舆情数据对数值一阶差分平稳性检验

变量	Dickey – Fuller =	p – value =
湖北投资数据对数值的一阶差分	– 10.912	0.01
湖北舆情数据对数值的一阶差分	– 4.7214	0.01

资料来源：作者根据百度指数数据综合整理。

（三）投资与舆情数据的协整检验

我们以湖北省"固定资产投资"对数值为解释变量，以湖北省百度"搜索指数"舆情对数值为解释变量，进行回归，对回归结果的残差进行ADF检验，以检验湖北省投资与舆情的协整关系，ADF检验结果：Dickey – Fuller = – 4.0731、p – value = 0.01，表明两者存在协整关系。

（四）湖北区域投资与湖北区域舆情误差修正模型（ECM）

我们建立湖北省"固定资产投资"对数值与湖北省百度"搜索指数"舆情对数值之间的误差修正模型，拟合结果为：

$$\Delta \log Y_t = 0.02213 + 0.30686 \Delta \log X_t - 0.62449 ECM_{t-1} + \mu_t$$

其中Y代表湖北区域投资，X代表湖北区域舆情，ECM为误差修正，拟合结果表明，湖北区域投资与湖北区域舆情之间的误差每个数据周期即1个月内得到62.449%的修正。

（五）湖北区域投资与湖北区域舆情格兰杰因果关系检验

在以上分析基础上，我们对湖北区域投资与区域舆情进行了格兰杰因果关系检验，结果发现，5% 显著性水平之下，湖北区域舆情是区域投资的格兰杰原因，湖北区域投资不是湖北区域舆情的格兰杰原因。

三、基于湖北省分类舆情数据的实证分析

（一）湖北省投资与"百度指数"分类舆情数据

我们基于湖北省区域投资即"固定资产投资" 2011 年 2 月至 2017 年 6 月共计 77 个月的月数据，以及湖北省百度"搜索指数" 7 个分类舆情月度数据检验湖北省分类舆情数据对湖北省区域投资的影响。湖北省百度"搜索指数" 7 个分类舆情关键词（括号中为使用的各类别舆情相应关键词）包括：基础设施（湖北交通）；政府管理（湖北政府）；企业发展（武钢）；自然资源（湖北旅游）；文化历史（黄鹤楼）；科技教育（湖北教育）；社区居民（湖北人）。

（二）湖北省区域投资与分类舆情月度数据的平稳性检验

我们运用 ADF 检验方法对湖北省区域投资阅读数据与"百度指数"分类舆情数据进行单位根检验。检验数据见表 5 - 13。

表 5 - 13　湖北省分类舆情影响区域投资的相关时间序列数据平稳性检验

变量	Test Statistic	1% Critical Value	5% Critical Value	10% Critical Value	p-value	平稳性
湖北投资	− 4.808	− 3.544	− 2.909	− 2.590	0.0001	平稳
湖北交通	− 5.615	− 3.544	− 2.909	− 2.590	0.0000	平稳
湖北政府	− 3.816	− 3.544	− 2.909	− 2.590	0.0028	平稳
武钢	− 5.937	− 3.544	− 2.909	− 2.590	0.0000	平稳
湖北旅游	− 8.910	− 3.544	− 2.909	− 2.590	0.0000	平稳
黄鹤楼	− 3.998	− 3.544	− 2.909	− 2.590	0.0014	平稳
湖北教育	− 6.445	− 3.544	− 2.909	− 2.590	0.0000	平稳
湖北人	− 5.593	− 3.544	− 2.909	− 2.590	0.0000	平稳

资料来源：作者根据百度指数数据综合整理。

经检验，湖北省区域投资以及基础设施（湖北交通）、政府管理（湖北政府）、企业发展（武钢）、自然资源（湖北旅游）、文化历史（黄鹤楼）、科技教育（湖北教育）、社区居民（湖北人）等湖北省百度"搜索指数"7个分类舆情关键词时间序列数据均为平稳变量。

（三）湖北省百度"搜索指数"分类舆情影响区域投资的回归分析

通过以上各个变量的时间序列数据平稳性检验，我们以湖北省区域投资为被解释变量，以湖北省百度"搜索指数"7个分类舆情月度数据为解释变量进行回归分析，数据时期为2011年2月至2017年6月，各个变量样本数量为77个，分析结果见表5-14。

表5-14　　　湖北省百度"搜索指数"分类舆情影响区域投资的回归分析

变量	a_0	X_1	X_2	X_3	X_4	X_5	X_6	X_7
Y	963.981 (0.982)	−3.49048 (1.385)	5.55283 ** (3.156)	0.23198 (1.595)	−0.02388 (0.111)	0.12087 ** (2.782)	1.33203 (1.244)	−0.75573 (0.377)
R^2	0.4311							
调整的 R^2	0.3734							

注：表中数字为相应变量系数；表中第二行括号内的数字为 t 值。*** 表示 0.1% 水平显著，** 表示 1% 水平显著，* 表示 5% 水平显著，. 表示 10% 水平显著。

资料来源：作者根据百度指数数据综合整理。

表5-14中Y表示被解释变量即区域投资；$X_1 \sim X_7$ 代表7个分类舆情解释变量。根据回归结果，我们发现分类舆情解释变量中"湖北政府"和"黄鹤楼"对湖北区域投资在1%显著性水平上具有解释作用，显示湖北区域投资受到分类舆情的影响，是分类舆情的综合反映；但是模型整体显著性水平并不太高，我们估计是由于模型未考虑实际经济社会解释变量的原因。

四、基于湖北省正负面舆情数据的实证分析

（一）湖北省投资与"百度指数"正负面舆情数据

我们基于湖北省区域投资即"固定资产投资"2011年2月至2017年6月共计77个月的月数据，以及湖北省百度"搜索指数"正负面舆情相对应的月度数

据检验湖北省正负面舆情数据对湖北省区域投资的影响。根据我们以上对湖北省百度"搜索指数"正负面舆情传播特征的基本分析，选择了一系列关键词分别作为湖北正负面舆情的代理变量。我们选择的正面舆情关键词变量包括："三峡大坝""武汉城市圈""武汉长江大桥""九八抗洪""李娜"。我们选择的负面舆情关键词变量为"湖北电梯吃人"。

（二）湖北省区域投资与正负面舆情月度数据的平稳性检验

我们运用 ADF 检验方法对湖北省区域投资阅读数据与"百度指数"正负面舆情数据进行单位根检验。检验数据见表 5 - 15。

表 5 - 15　湖北省正负面舆情影响区域投资的相关时间序列数据平稳性检验

变量	Test Statistic	1% Critical Value	5% Critical Value	10% Critical Value	p-value	平稳性
湖北投资	-4.808	-3.544	-2.909	-2.590	0.0000	平稳
三峡大坝	-5.702	-3.544	-2.909	-2.590	0.0000	平稳
武汉城市圈	-8.116	-3.544	-2.909	-2.590	0.0000	平稳
武汉长江大桥	-8.329	-3.544	-2.909	-2.590	0.0000	平稳
九八抗洪	-6.449	-3.544	-2.909	-2.590	0.0000	平稳
李娜	-5.998	-3.544	-2.909	-2.590	0.0000	平稳
湖北电梯吃人	-8.210	-3.544	-2.909	-2.590	0.0000	平稳

资料来源：作者根据百度指数数据综合整理。

经检验，湖北区域投资以及"三峡大坝""武汉城市圈""武汉长江大桥""九八抗洪""李娜""湖北电梯吃人"等舆情变量的时间序列数据均为平稳变量。

（三）湖北省百度"搜索指数"正负面舆情影响区域投资的回归分析

通过以上各个变量的时间序列数据平稳性检验，我们以湖北省区域投资为被解释变量，以湖北省百度"搜索指数"6 个正负面舆情月度数据为解释变量进行回归分析，数据时期为 2011 年 2 月至 2017 年 6 月，各个变量样本数量为 77 个，分析结果见表 5 - 16。

表 5 - 16   湖北省百度"搜索指数"正负面舆情影响区域投资的回归分析

变量	a_0	X_1	X_2	X_3	X_4	X_5	X_7
Y	1745 ** (1.82)	0.144. (0.23)	0.448 (0.22)	0.021 (1.6)	2.642 (-0.42)	-0.004 (-3.96)	-0.099 (3.32)
R^2	0.4315						
调整的 R^2	0.3739						

注：表中数字为相应变量系数；表中第二行括号内的数字为 t 值。 *** 表示 0.1% 水平显著， ** 表示 1% 水平显著， . 表示 10% 水平显著。

资料来源：作者根据百度指数数据综合整理。

表 5 - 16 中 Y 表示被解释变量即区域投资；$X_1 \sim X_6$ 代表 6 个正负面舆情解释变量。根据回归结果，我们发现正负面舆情解释变量中"三峡大坝"对湖北区域投资在 10% 显著性水平上具有解释作用，显示湖北区域投资受到舆情的影响，是舆情的综合反映；但是模型整体显著性水平并不太高，我们估计是由于模型未考虑实际经济社会解释变量的原因。

五、基于湖北省各市州数据的实证分析

(一) 湖北省各市州地区舆情影响区域投资实证分析数据和变量选择及模型

基于数据可得性，我们运用 2011 年至 2015 年湖北省 17 个市州地区"全社会固定资产投资"与 17 个市州地区百度"搜索指数"舆情数据实证检验区域投资及区域舆情的关系。

我们建立面板数据模型，运用随机效应广义最小二乘回归方法（Random-effects GLS regression）进行模型的拟合。由于我们只得到了 5 年的相关年度数据，不足以支持时间序列趋势性检验，我们基本将其视作近似截面数据，因此未进行平稳性检验和协整关系检验。

(二) 湖北省各市州地区舆情影响区域投资实证检验结果与分析

回归结果见表 5 - 17。

表 5 – 17 　　　湖北省 17 个市州地区区域舆情对区域投资影响的面板数据分析回归结果

随机效应 GLS 回归				样本数量 = 85		
分组变量：城市				分组数量 = 17		
R 方：组内 = 0.4749				每组样本数量：最小 = 5		
组间 = 0.9021				平均 = 5.0		
整体 = 0.8560				最大 = 5		
				Wald chi2（1）= 196.07		
corr（u_i，X）= 0（假定）				Prob > chi2 = 0.0000		
y	系数	标准差	z	P > │z│	95% 置信区间	
x	0.5625187	0.0401726	14.00	0.000	0.4837819	0.6412555
_cons	– 12.19887	139.1301	– 0.09	0.930	– 284.8889	260.4911
sigma_u	410.48802					
sigma_e	368.48973					
rho	0.55375836（由 u_i 引起的方差分数）					

资料来源：作者根据百度指数数据综合整理。

其中 Y 为区域投资被解释变量，X 为区域舆情解释变量，我们从面板数据回归发现 X 的 Z 值为 14.00，表明区域舆情对区域投资有着较为显著的解释作用，这一分析从湖北省 17 个市州地区的角度检验了区域舆情对区域投资显著的影响。

第六节　　湖北促进投资发展的舆情策略研究

根据我们对湖北舆情状况的研究可以发现，首先湖北舆情受到经济社会发展各方面因素的影响，是各方对湖北经济社会发展的综合认识、评价及观点、情绪表达；其次，湖北投资的发展状况除了受到经济社会发展实体因素的影响之外，还在很大程度上受到舆情状况的影响。因此，我们认为湖北各级政府和政府各个部门应重视舆情影响并建立有效的舆情监测、分析以及运用舆情信息指导实际工作、引导舆情传播正确信息的常态化工作机制，重点做好以下一些方面的工作内容。

一、湖北促进投资发展舆情策略的一般机制原则

湖北促进投资发展的舆情策略需要有基本思路，遵循一些基本的机制原则，主要包括以下一些方面。

（一）充分利用舆情信息改善投资环境

基于舆情信息监测所获得的内容，可以综合分析各类市场主体对湖北区域投资环境的关注度与满意度情况，获取有针对性地改善湖北省舆情投资环境的指导信息。分析舆情信息传播源，可以把握诸如舆情信息传播源主体性质、个体特征、需求特征；分析舆情信息类型，可以把握舆情信息类型，了解市场主体对于区域投资环境关注的角度和需求领域；分析舆情信息内容，可以把握市场主体关注的具体细节以及具体需求内容和需求满足状况。基于区域舆情信息传播分析，可以有针对性地采取措施改善区域投资环境，满足不同市场投资主体不同层次、不同侧重点的要求，有针对性地重点改善市场普遍关注的投资环境重点、难点领域，及时解决市场迫切要求的具体需要。

（二）引导舆情发展营造良好投资氛围

要掌握区域舆情信息传播的主动权，通过各类舆情信息渠道发布有利于形成区域投资发展的舆情信息，形成良好的区域投资舆情环境。在负面舆情事件发生时，能够积极应对，引导舆情关注客观事实和处理进展，避免陷入被动，消除和减弱舆情事件的不利影响。

二、目前湖北促进投资发展的舆情实施策略

根据我们以上研究中所分析的湖北舆情目前状况，应着力从以下一些方面实施一系列具体的舆情策略。

（一）获得与湖北经济社会发展匹配的舆情关注度

目前，2016 年湖北 GDP 最新排名列全国第 8 位，处于全国前列，然而各渠道舆情关注的全国排名尽在中间位次前后，与其经济发展水平不相称，说

明湖北舆情关注与经济发展对比有更进一步提高的空间。因此，应该通过各类舆情传播渠道更多地传播湖北舆情信息，使得湖北舆情的受关注度得到有效提升。

（二）发展多元化的区域媒体体系和舆情传播渠道

通过建设和发展多元化的区域信息媒体体系，尤其注重新媒体体系建设，掌握区域舆情信息传播的主动权，引导有利于区域投资发展的信息传播，帮助形成良好的投资环境舆情信息传播氛围。

（三）针对大众关注有针对性地加强信息传播力度

在分类信息中受到众多关注的是自然环境、政府管理等一些方面，针对大众关注点，有针对性地进行更加深入、广泛和大量的信息传播投入。

（四）充分传播湖北优势文化和正面舆情信息

我们的分析发现，具有区域特征的历史文化舆情信息传播对于区域整体舆情关注和区域投资发展都有着显著的影响，因此，充分发扬区域文化历史特色，让历史文化特征与区域形象充分联系，将能够有效促进区域整体舆情关注的提高，并有助于推动区域投资发展。

（五）加强投资者关注的重点舆情信息管理

基于我们对分类舆情的分析，对舆情不同程度关注的内容、投资者重点关注的内容，要加强其舆情信息传播的管理，予以重点投入，从而更加有针对性地形成有利于投资发展的舆情环境。

（六）突出重点区域的舆情信息传播

湖北省内重点地区如武汉、宜昌、襄阳等地的人口规模、经济规模都占到湖北省的较大比重，基于我们的分析，这些重点地区的舆情状况对湖北省整体舆情和投资发展有着重要影响，因此，在重视湖北整体舆情状况的同时，需要重视湖北省内各市州地区的舆情发展和管理，将舆情监测管理工作分解到各级部门。

第七节 区域舆情与区域投资研究总结

一、湖北舆情状况及其对投资的影响与对策总结

（一）湖北舆情关注度在全国基本处于中等偏上水平

我们通过 5 类舆情信息渠道中的中国知网、新浪新闻、百度新闻、百度指数、新浪微博、天涯社区、百度贴吧、人民网舆情频道、中青在线舆情频道等 9 个代表性平台对湖北舆情总体状况进行的 31 个省区市横向对比状况显示，湖北的舆情关注度总体排名在中间位次左右，处于中等水平。

（二）不同媒体对湖北分类舆情关注的侧重点有差异

通过大数据统计分析与实证检验，我们发现不同媒体信息传播方式对不同类型舆情的关注有所差异，如：新闻媒体较为关注企业经济、政府管理和科技教育等经济社会发展的宏观状况；自媒体较为关注自然资源、文化历史和社区居民等与网民生活密切相关的微观领域。这种差异性应该源于不同媒体的关注群体和关注对象存在差异。

（三）不同情感倾向性的湖北舆情具有不同的传播特征

对于湖北正负面不同情感倾向性舆情的分析发现：湖北正面舆情有着持久和平稳的传播特征；湖北负面舆情具有短期集中传播的特征。这种情感倾向性舆情传播特征说明湖北正面舆情是湖北省舆情的主流，但是也伴随特定事件发生和特定时期传播的负面舆情。

（四）湖北舆情受到主要经济社会发展指标的影响

我们的实证分析发现自然条件（人口数）、环境保护（无害化处理厂数）、公益事业（社会捐赠款物）、卫生条件（每万人拥有卫生技术人员数）、生活条

件（连锁零售企业门店总数）、经济状况（人均地区生产总值）、交通条件（客运量）以及创新生产（规模以上工业企业 R&D 经费）和科技发展（国内发明专利申请受理量）等经济社会发展指标对湖北舆情均有不同程度的影响。

（五） 湖北区域舆情发展具有可预测性

我们的实证研究发现，区域舆情发展状况具有可预测性，我们可以基于各类媒体所传播的区域舆情总体发展状况、分类舆情传播状况、区域舆情正负面情感倾向性状况、区域舆情动态发展状况以及区域内部各地区舆情状况等综合运用各种技术方法对区域舆情未来的发展做出趋势判断和预测，这种预测将有助于我们以区域投资发展为管理目标的舆情综合管理策略实施。

（六） 舆情状况对湖北投资发展状况有显著影响

我们的实证研究发现区域舆情状况对湖北投资发展状况有着显著的影响，舆情信息数据有助于预测投资发展趋势，因此，舆情管理将有助于区域投资发展。基于以上对湖北舆情状况的总体认识，以投资发展的视角，我们认为应该从充分利用舆情信息改善投资环境以及引导舆情发展营造良好投资氛围等方面入手实施舆情应对策略。

二、可能的研究拓展

（一） 拓展湖北区域舆情数据来源

进一步拓展舆情数据来源，使得研究的基础舆情数据更加全面、系统和有代表性。互联网大数据发展迅速，数据来源也在发生较快的变化，因此，需要对湖北相关舆情数据来源进行动态跟踪以及更加系统地归类整理、分析，把握影响舆情发展的主要数据来源，进行更新、优化。

（二） 对湖北区域舆情数据进行更为系统的框架设计

根据我们对湖北舆情状况及其对区域投资影响已有研究所取得的经验，可以对湖北省区域舆情数据框架和分析体系进行更为系统、全面和科学的设计。一方面，对区域舆情信息传播源有更深入系统的认识，把握不同市场主体的信息关注、情感倾向与具体意见；另一方面，对传播的舆情信息有更加系统、科学的分类和数据库结构。

（三）分析分类舆情的影响因素及其对投资的影响

我们的湖北省舆情影响因素实证分析只涉及湖北省整体舆情，并未涉及湖北省分类舆情的影响因素分析，然而各个分类舆情的影响因素分析将能够帮助我们更加深入地理解湖北省舆情的形成原因，这将是我们进一步研究湖北省舆情的一个方向。

（四）进行系统的湖北舆情情感倾向性分析

我们的湖北正负面舆情情感倾向性分析只选取了部分类别有代表性的关键词进行分析，随着数据库资源的增加，可以进一步拓展情感倾向性分析的类别和范围，使关键词的选取更具普遍代表性、更加综合和系统化。

（五）研究湖北投资环境舆情指数的编制

为更加综合、直观地把握湖北投资环境舆情状况，可在理论研究、方法研究与数据支持的条件下，规划构建与编制湖北投资环境舆情指数，从而常态化、动态化地跟踪监测湖北投资环境舆情状况，为优化区域投资环境提供决策信息参考依据。

（六）制订系统可操作性舆情管理实施方案与流程

基于投资发展工作实践经验与舆情管理工作经验，制订各部门协同的系统舆情管理工作实施方案与工作流程，使得以投资发展为目标的舆情管理工作更加可操作性依据。

第六章

区域舆情与区域创新
——以武汉为例的分析

第一节　区域舆情与区域创新概述

中国经济进入转型期，科技创新成为引领经济社会进一步发展的核心动力，科技创新资源的区域集聚也就成为提升区域经济社会发展水平的主要力量（夏永祥，2016）。各类科技创新是区域经济发展的重要推动力，科技创新环境是吸引和留住内外部创新资源并促进科技创新发展的重要因素，而有关特定区域科技创新环境的舆情是有关该区域科技创新环境状况的重要信息传播渠道，是科技创新者对该区域科技创新环境状况的综合评价，也是科技创新者对其科技创新环境的情绪表达，对于区域科技创新状况有着重要影响，因此，立足武汉，研究武汉市科技创新环境舆情的监测管理就具有了重要的理论和现实意义。

区域科技创新活动受到各区域科技创新环境的影响，然而，各个区域科技创新环境存在差异，造成各区域间科技创新水平不均衡（Della Peruta etc.，2016）。区域科技创新环境各要素的实际状况影响科技创新资源的集聚，但是，由于科技创新环境指标没有现有结构化正式统计数据的支持，对区域科技创新环境进行分析研究往往是较为困难的。本研究认为对区域科技创新环境状况的认识有赖于各类信息传播，信息产业快速发展背景下，互联网成为各类信息传播的主要渠道，因此，本研究认为互联网舆情信息传播是区域科技创新环境状况的综合反映，能够在一定程度上反映区域科技创新环境与科技创新的适应情况，并能影响各类科技创新资源的流动，即良好的科技创新舆情有助于留住和吸引更多的科技创新资源参与区域科技创新活动并逐步形成集聚优势，因此，互联网舆情信息传播对特定区域进行科技创新资源集聚有影响作用，互联网大数据背景下，可以借助于舆情数据分析研究区域科技创新环境及其对区域科技创新产出的影响。

图6-1显示了中国国内发明专利申请授权量2017年度数据表示的科技创新各区域分布情况，条形图的长短代表科技创新成果的多少，可以发现中国科技创新成果分布极为不均衡。从东南部沿海地区，到中部地区，再到西部地区，科技创新成果分布大致长度依次由长逐渐变短，显示科技创新成果主要分布在东中部地区。

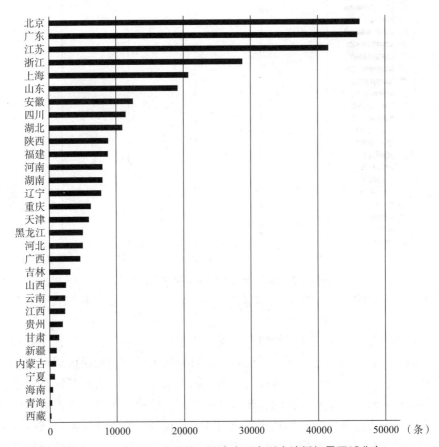

图6-1　2017年度中国地区国内发明专利申请授权量区域分布

资料来源：作者根据统计局数据综合整理。

图 6 – 2 显示的是中国以 "中国知网" 关注程度表示的舆情信息传播 2017 年度数据各区域分布排名情况，用搜索量表示舆情关注的多少，可以发现各区域舆情关注状况并不均衡，区域舆情分布大体从东向西逐渐减少。

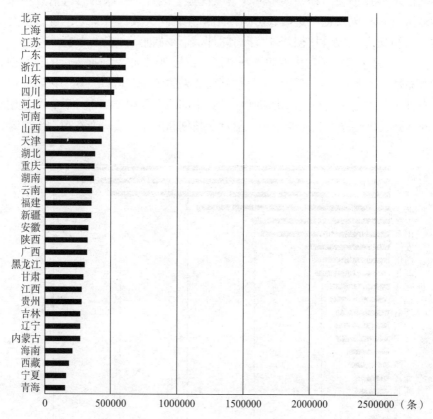

图 6 – 2   2017 年度中国舆情关注区域分布
资料来源：作者根据百度指数数据综合整理。

图 6 – 1 与图 6 – 2 所显示的静态区域科技创新与区域舆情关注状况具有一定程度的相关性，具有正相关的直观反映。本研究认为区域舆情是区域经济社会发展状况的综合反映，而与区域科技创新活动相联系的区域舆情则是区域科技创新活动赖以开展的区域基本科技创新环境状况的综合反映。本研究将借助于区域互联网舆情信息传播数据，分析其所反映的区域科技创新环境状况对区域科技创新的影响，以期对改善武汉市区域科技创新环境、优化武汉市区域科技创新环境舆情提供参考。

本研究认为武汉市是城市类型的区域类型，城市是科技创新活动的基本区域单位，因此，本研究选择与武汉市具有可比性的城市作为科技创新区域单位。在中国众多各级各类城市中，直辖市、副省级省会城市和计划单列市是最主要的科技创新资源集聚城市，最具有本研究的区域代表性，因此，本研究选择了"4个直辖市＋10个副省级省会城市＋5个计划单列市共计19个城市"作为研究样本。本研究将运用与武汉市具有可比性的各个城市统计局、科技局和知识产权局所收集到的2011～2015年科技产出数据以及从"百度指数"获得的搜索关注度舆情数据，研究互联网舆情信息传播反映的城市区域科技创新环境对区域科技创新的影响。

本研究的贡献主要包括：用区域科技创新相关舆情综合反映区域科技创新环境状况，是区域科技环境研究的新视角；按城市个体特征分别选取各自不同类别的科技创新环境影响因素关键词，是区域科技创新环境舆情研究的一种方法创新；本研究的政策含义为区域科技创新环境建设和管理提供了新的思路。

本研究以下内容安排为：首先进行文献综述、理论研究并提出研究假设；其次进行实证研究，先实证检验区域总体互联网舆情信息传播反映的区域科技创新环境对区域科技创新的影响，随后对区域科技创新环境舆情进行分类分析并检验其对区域科技创新的影响；最后，进行研究总结并提出本研究的政策含义以及未来的研究拓展。

第二节　区域舆情与区域创新研究基础

科技创新环境舆情的基础概念为舆情，舆情研究是涉及范围较广的交叉学科。舆情研究可以追溯至卢梭（Rousseau，1762）在论及社会舆论时最早使用的"Public Opinion"一词，也是目前国内学者对"舆情"较为一致的翻译，此外还有采用"Public Feeling""Public Sentiment"等几个含义接近的词语用以表达"舆情"的概念，到目前为止相关研究大致按照如下三条线索或视角展开：一是新闻传播与舆论学研究主线，主要研究新闻媒体主导下的舆论信息形成及其传播，如塔德（Tarde，1899）以及李普曼（Lippman，1922）等建立了舆论宣传影响力分析的基础理论体系，伊丽莎白（Elisabeth，1973）提出了"沉默螺旋（Spiral of Silence）"理论认为在舆论信息传播过程中人们普遍倾向于接受公共认同的观点，避免承受被孤立的压力，从而演进出较为统一的意见表达；二是有关民意及民意调查的研究主线，芭芭拉和罗伯特（Barbara and Robert，2000）对民意及民意调查方法的研究较具代表性；三是社会心理学视角，以梅里美（Rimé，1991 年）为代表用"社会化情绪共享（Social Sharing of Emotion）"的概念提出了舆情形成的心理学基础。以上研究发现，国外学者的相关研究主要集中于"舆情"发生、演化等基本理论，这些研究都为舆情相关理论研究提供了一般支撑，对于理解舆情发生演化机理、影响作用机理以及建立监测管理、应对管理机制提供了借鉴。

随着国内网络应用的不断深化，舆论传播更加便利化且逐步进入自媒体时代，舆情的影响力日益提高，国内舆情研究成为近年来的一个热点研究领域，近三年文献量剧增。基于网络的舆情研究也成为近年国内兴起的特有研究领域。国内舆情相关研究主要涉及以下四个方面：一是舆情基础理论研究，包括舆情概念、特征、发生与传播机理、演化规律、影响作用等内容，其代表如李勇建等（2014）、王来华（2003）、刘毅（2007）等；二是有关舆情监测管理机制的研究，包括分析整理、监测预警、引导管控等内容，如罗繁明（2008）、闫利平等（2011）的研究；三是有关舆情监测管理技术的研究，包括指标设定、模型建立、信息收集等，如李季梅（2009）、陈忆金等（2011）的研究；四是舆情监测管理应用策略研究，主要涉及高校网络（周茂兴等，2011）、公共政策（毛秀梅等，2017；王琳等，2010）、突发公共危机事件与群体事件（杨菁等，2011）等。

一些研究关注了媒体舆情对区域形象、区域品牌的重要性，如尹朝晖（2013）认为区域媒体是塑造区域地缘形象的重要渠道，能够支持区域经济发展，同时地方政府要在对外信息传播中塑造区域品牌，通过舆情分析强化传播效果。

舆情指标构建是希望借助于某种量化形式综合反映舆情状况。一些研究选用某个单一指标反映舆情总体状况，大多数研究则采用综合指标的形式来反映综合舆情总体状况。舆情指标研究多以舆情指标体系的方式进行，舆情指标体系研究是目前已有舆情相关研究的一项重要领域，这些研究大致采用指标筛选、权重赋值和综合评价等基本步骤。尽管所构建的舆情指标体系针对的主题领域不同，但采用较为成熟的舆情指标体系构建方法大致有层次分析法和德尔菲法、模糊综合评价法、BP 神经网络方法、灰色理论方法、熵权法、TOPSIS 方法、I-space 模型方法、E－R 模型方法、遗传算法、朴素贝叶斯方法等，这些方法运用于指标选取、权重确定和综合评价。

层次分析法（Analytic Hierarchy Process，AHP）（T. L. Satty，1975）是舆情研究中最为常见的指标体系构建方法，如向宁等（2016）、蒋宇等（2016）、瞿

志凯等（2016）等、杨长春等（2016）、孙莉玲（2016）、李立煊等（2015）、贺恩锋等（2014）等，均使用层次分析法进行舆情指标的构建。运用这种方法将影响舆情产生发展的因素指标进行层次分解，通过德尔菲法（Delphi Method；Helm and Dalke，1940）对各层次因素指标进行两两重要性比对，从而构造出相应的判断矩阵，计算得到其最大特征值及所对应的特征向量，归一化后可以得到权向量并进行一致性检验，使用这种方法进行舆情指标构建的研究文献较多，层次分析法和德尔菲法对于复制指标系统的分析系统清晰，但这种方法较多地使用了定性分析，难以处理大数据量时的特征值和特征向量以及权重的计算，难以获得新的信息。

使用模糊综合评价法（Fuzzy Comprehensive Evaluation Method；Zadeh，1965）构建舆情指标也是应用较多的一种方法，是基于模糊数学基础的指标体系构建方法，从多项指标对被评价对象隶属级别实施综合评价，将被评价对象做出级别区分，使得各影响因素指标及评价标准模糊呈现却又能具有层次性，同时结合了评价者的经验。如王治莹等（2016）、张艳丰等（2016）、黄微等（2015）、张玉亮（2015）、李文杰等（2015）等，均使用了模糊综合评价法构建舆情指标。

神经网络方法也是舆情指标研究中较为常见的方法。有许多文献采用 BP 神经网络方法进行舆情指标体系的构建与分析，BP 神经网络（Rumelhart and McCelland，1986）是反向传播网络（Back – Propagation Network）的简称，是针对非线性可微函数通过训练集进行权重赋值的分层网络体系，运用反向传播学习算法调节权重赋值，能够实现任意输入输出非线性映射，林文声等（2016）、游丹丹等（2016）、孙玲芳等（2014）、黄等（Huang et al.，2012）、卡罗琳等（Carolin et al.，2011）等使用 BP 神经网络方法开展了舆情指标相关研究。还有一些文献采用了 Elman 神经网络方法（王铁套等，2012）构建舆情指标体系。

灰色理论模型（Grey Model，GM；邓聚龙，1982）也经常被引用于舆情指标体系分析，假设系统具有信息不完全性、层次性、结构关系模糊性、动态随机性、指标数据不完备性等灰色特性，可以运用基本的原始数据生成原始数据序列，累加后得到生成序列，从而减弱原始数据随机性，使其规律特征得到呈现，这一方法包括灰色关联度、灰色统计和灰色预测等一系列具体的灰色理论方法，杨长春等（2016）、吴青林等（2016）、哈利德等（Khalid et al.，2013）和韦尔加尼（Vergani，2011）等运用这类方法开展了舆情指标研究工作。

另外，有文献采用熵权法（刘泉等，2015；Annemarie et al.，2009）、TOPSIS 方法（付业勤，2015；陈越，2012）、I-space 模型方法（余伟萍等，2013；方洁等，2013；谈国新等，2010）、E – R 模型方法（王青，2011）等方法开展

舆情指标构建研究。

大量研究表明以区域集聚的方式开展科技创新活动是有效率的，如 Camagni（1991）的研究就强调了集聚效应是创新环境发挥影响力的核心内在机制。沿着这一思路，学者们开始关心是什么因素促进了创新资源的区域集聚，斯米特等（Smit et al.，2015）以荷兰为例分析了创新集聚的影响因素，道透尔和沃尔特（Dautel and Walther，2014）以卢森堡为例研究了创新集聚的决定因素。

国内在该领域的大量研究集中于区域科技创新发展环境的影响因素，或依据科技创新产出效率对特定区域科技创新环境进行评估、评价，构建相应的评价指标体系，如李婷和董慧芹（2005）分析构建了包括机制环境、市场环境等在内的3级科技创新环境评价指标体系；孙健敏和冯静颖（2007）以"全国科技工作者"调查数据为基础，从创新管理体制和运行机制以及国家资金支持力度等软件、硬件入手，对国内科技创新环境进行了分析评价，并提出了对策建议；翁媛媛和高汝熹（2009）从软、硬环境两方面分析科技创新环境作用，并进一步将其分为资源环境、制度环境、市场环境、文化环境等4个一级指标，随后对这些指标做了更深入的细化，据此运用时序因子分析法对上海科技创新环境进行了分析评价；苏天恩（2014）从地方政府对科技创新的投入意愿和重视程度等6个方面，采用因子分析法对中国31个省区市的科技创新环境进行了评价，并根据模型得分将各区域科技创新环境状况分为3个层次。

此外，一些学者还针对特定区域进行了科技创新环境评估并提出相应对策，如王雷和刘永忠（2005）以及席丹和郑慧（2004）分别分析了湖北和武汉的科技创新环境状况以及环境优化的对策建议。

目前相关研究文献中，尚未有针对区域科技创新环境舆情尤其是针对武汉市科技创新环境舆情的系统研究，相关研究所使用的研究方法也需要在建立数量模型和数据分析方面进一步系统化推进。本研究希望在这些领域里有所创新。

第三节　武汉市科技创新环境舆情状况分析

武汉市科技创新环境舆情状况可以分武汉市科技创新环境舆情关注度总体状况以及武汉市科技创新环境舆情分别进行分析，分析过程主要运用城市间横向对比、年度动态分析、结构比例分析等方法对武汉市科技创新环境各类舆情数据进行分析研究。

一、武汉市科技创新环境舆情总体状况

基于互联网大数据舆情基本条件，反映武汉市科技创新环境舆情状况的信息渠道更加多元化，其中尤以各类互联网渠道的影响力最为显著，就总体舆情状况的反映，最能反映舆情总体状况的为网络舆情关注度指数，其中影响力最大的为"百度指数"，因此我们基于"百度指数"收集和整理了有关武汉市科技创新环境舆情信息状况，从而总结整理出有关武汉市科技创新环境舆情的总体状况，并进行城市间比较。

我们以城市名为关键词收集到的与武汉市具有可比性的 15 个城市的总体"百度指数"共包括"搜索指数"和"媒体指数"两项指数内容，其中的"搜索指数"是根据用户使用百度进行搜索的数据统计获得的，主要能够体现信息获取方的舆情信息需求状况；"媒体指数"则是主要反映一定时期内各媒体关于特定关键词项下的新闻内容所进行报道的信息数量，基本上是不同于"搜索指数"所反映的信息关注状况的。

（一）武汉市科技创新环境舆情总体状况的动态变化

我们以"武汉"作为反映舆情总体状况的关键词，收集了百度"搜索指数"自编制开始之日即 2011 年 1 月 1 日起至 2017 年 10 月 2 日的共 2467 个日数据，并将其用折线图的形式直观表示为图 6-3，年度汇总数据的折线图见图 6-4。

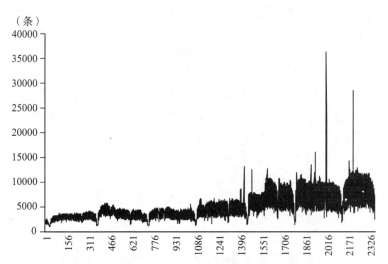

图 6-3 2011 年 1 月 1 日~2017 年 10 月 2 日武汉总体舆情百度"搜索指数"日数据折线图
资料来源：作者根据百度指数数据综合整理。

图6-3显示的2011年1月1日～2017年10月2日武汉总体舆情百度"搜索指数"日数据折线图存在极端值，但总体呈现时间上的上升趋势。图6-4的年度折线图能够更为明显地体现这种趋势性。

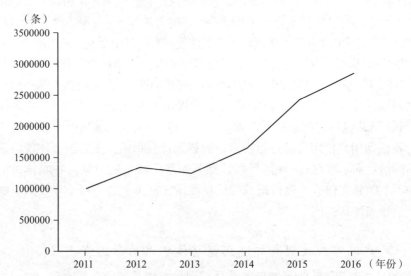

图6-4　2011～2016年武汉总体舆情百度"搜索指数"年度汇总数据折线图
资料来源：作者根据百度指数数据综合整理。

从图6-3和图6-4的数据变化趋势可以发现，就百度"搜索指数"所反映的武汉舆情总体关注状况呈现逐渐稳步上升的趋势，显示伴随武汉的发展，其总体受关注舆情状况在不断地稳步提升，其科技创新环境舆情总体受关注状况在提高。

我们也以"武汉"作为反映舆情总体状况的关键词，收集了百度"媒体指数"自编制开始之日即2011年1月1日起至2017年5月9日的共2321个日数据，并将其用折线图的形式直观表示见图6-5。

图6-5显示的百度"媒体指数"折线图没有表现出明显的时间趋势性，表明媒体对"武汉"的关注度较为平稳。

以上分析显示，"武汉"总体舆情受到媒体传播形式的影响，在新媒体日益受关注的背景下，总体呈上升趋势。

（二）武汉市科技创新环境舆情总体状况的横向对比

我们也收集了4个直辖市（北京、上海、天津、重庆）、其他9个副省级省

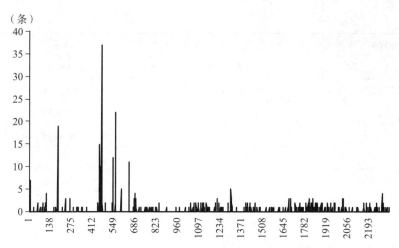

图 6 – 5　2011 年 1 月 1 日 ~ 2017 年 5 月 9 日武汉总体舆情百度"媒体指数"日数据折线图
资料来源：作者根据百度指数数据综合整理。

会城市（广州、沈阳、南京、成都、西安、济南、杭州、长春、哈尔滨）和 5 个
副省级计划单列市（深圳、大连、青岛、宁波、厦门）共计 18 个与武汉具有可
比性的城市进行城市区域间舆情关注度总体状况比较。

　　基于我们收集到的百度"搜索指数"2011 ~ 2017 年日数据汇总城市舆情关
注度排名情况见表 6 – 1。

表 6 – 1　百度"搜索指数"2011 ~ 2017 年日数据汇总城市舆情关注度排名　单位：条

排名	城市	数量
1	上海	55228211
2	北京	52869165
3	深圳	38554056
4	重庆	35882374
5	成都	33297021
6	南京	32248597
7	西安	30785266
8	杭州	29571206
9	广州	28092369
10	天津	26902569
11	武汉	25885245

续表

排名	城市	数量
12	哈尔滨	24203546
13	厦门	24107091
14	青岛	23865059
15	大连	19646249
16	宁波	15591375
17	沈阳	15097242
18	济南	14742541
19	长春	9684517

资料来源：作者根据百度指数数据综合整理。

用柱形图更加直观地表示见图6-6。

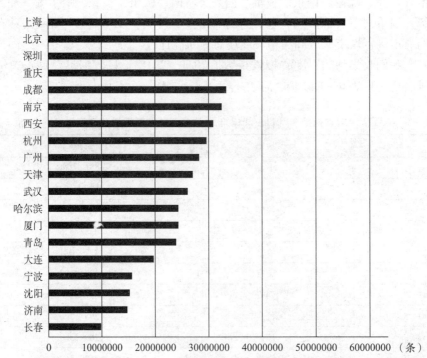

图6-6　百度"搜索指数"2011~2017年日数据汇总城市舆情关注度排名

资料来源：作者根据百度指数数据综合整理。

武汉的整体舆情关注状况位于第 11 名，处于中等偏下水平，这与武汉市的经济社会发展水平和科技文化发展水平所处 10 名以内的位次不相称，说明武汉仍需要采取措施提升舆情关注水平。

二、武汉市分类科技创新环境舆情状况

我们基于城市区域科技创新环境所涉及的影响因素，将能够反映城市区域科技创新环境状况的舆情分为"著名创新型品牌公司""著名大学""科技创新管理机构""科技创新集聚区"和"城市科普场馆"等五类，反映城市区域科技创新环境的分类舆情状况。

（一）城市区域"著名创新型品牌公司"舆情状况

1. 城市区域"著名创新型品牌公司"纵向动态舆情状况分析

我们选择"斗鱼"作为大众知名度较高的武汉创新型企业代表，分析其舆情状况。我们收集了"斗鱼"2011 年 1 月 1 日至 2017 年 9 月 29 日 2464 个"百度搜索"日数据，将其动态变化的舆情数据绘制折线图见图 6 - 7。

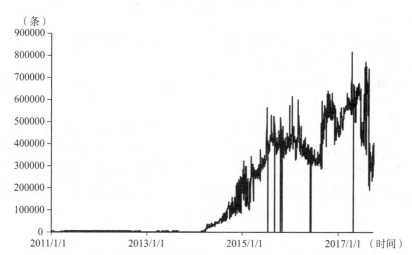

图 6 - 7　2011 年 1 月 1 日 ~ 2017 年 9 月 29 日武汉"著名创新型品牌公司"舆情百度"搜索指数"日数据折线图

资料来源：作者根据百度指数数据综合整理。

从图 6 - 7 可以发现，2011 年 1 月 1 日 ~ 2017 年 9 月 29 日武汉"著名创新型品牌公司"舆情百度"搜索指数"日数据折线图整体呈现上升趋势，并且明

显从 2014 年开始呈现快速增长，其知名度不断增加。

其年度汇总数据的折线图 6 - 8 将这一趋势体现得更为明显。

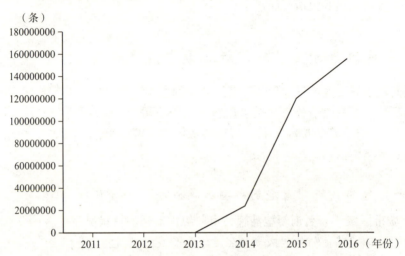

（条）

**图 6 - 8   2011 ~ 2016 年武汉市"著名创新型品牌公司"舆情百度
"搜索指数"年度汇总数据折线图**

资料来源：作者根据百度指数数据综合整理。

2. 城市区域"著名创新型品牌公司"横向比较舆情状况分析

我们将上述 18 个类比城市与武汉市"著名创新型品牌公司"舆情状况横向
比较分析，2011 年 1 月 1 日 ~ 2017 年 9 月 29 日年度汇总日数据类比绘制成柱形
图，见图 6 - 9。

武汉的城市"著名创新型品牌公司"舆情关注度状况位于第 2 名，处于较为
领先的水平，表现武汉近年以"光谷"为依托，推动科技创新和产业结构转型升
级，推动一大批互联网等科技型企业创新发展所取得的成果，使得武汉产生了一
批在全国有一定影响力的创新企业，同时也得到了互联网舆情关注，对于提升武
汉科技创新环境舆情状况和城市整体形象发挥了作用。

（二）城市区域"著名大学"舆情状况

1. 城市区域"著名大学"纵向动态舆情状况分析

我们选择"武汉大学"作为大众知名度较高的武汉创新型大学代表，分析其
舆情状况。我们收集了"武汉大学"2011 年 1 月 1 日至 2017 年 9 月 29 日 2464
个"百度搜索"日数据，将其动态变化的舆情数据绘制折线图见图 6 - 10。

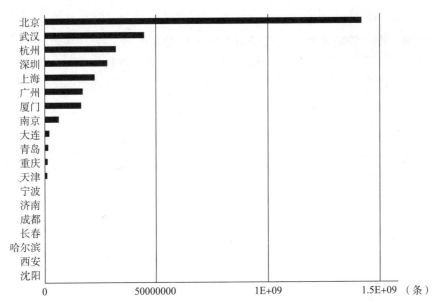

图 6 – 9　百度"搜索指数"2011～2017 年日数据汇总 19 城市
"著名创新型品牌公司"舆情关注度排名

资料来源：作者根据百度指数数据综合整理。

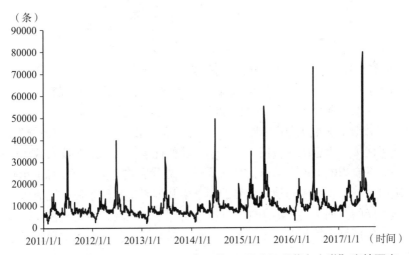

图 6 – 10　2011 年 1 月 1 日～2017 年 9 月 29 日武汉"著名大学"舆情百度
"搜索指数"日数据折线图

资料来源：作者根据百度指数数据综合整理。

从图 6－10 可以发现，2011 年 1 月 1 日～2017 年 9 月 29 日武汉"著名大学"舆情百度"搜索指数"日数据折线图整体呈现上升趋势，其知名度不断增加，并且具有周期性极值现象，体现大学升学季的周期性特征。

其年度汇总数据的折线图 6－11 将这一趋势性特征体现得更为明显。

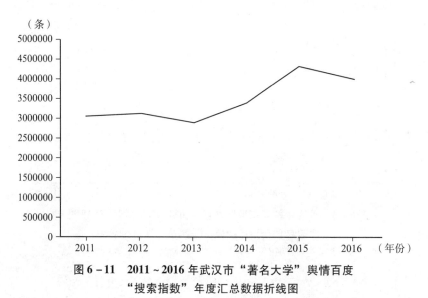

图 6－11　2011～2016 年武汉市"著名大学"舆情百度
"搜索指数"年度汇总数据折线图

资料来源：作者根据百度指数数据综合整理。

2. 城市区域"著名大学"横向比较舆情状况分析

我们将上述 18 个类比城市与武汉市"著名大学"舆情状况横向比较分析，2011 年 1 月 1 日～2017 年 9 月 29 日年度汇总日数据类比绘制成柱形图，见图 6－12。

武汉的城市"著名大学"舆情关注度状况位于第 2 名，处于较为领先的水平，充分体现了武汉作为全国科教城市、大学之城的优势，大学生在校人数居全球城市之首，一大批有影响力的大学以"武汉大学"为代表在全国乃至全球的影响力日益提升，吸引大量来自全国乃至全世界的大学生和学者来武汉学习、交流，成为武汉科技创新发展的一项重要支撑条件，同时也得到了互联网舆情的关注，同样提升了武汉科技创新环境舆情状况和城市整体形象，成为吸引创新人才要素的有力保障。

（三）城市区域"科技创新管理机构"舆情状况

1. 城市区域"科技创新管理机构"纵向动态舆情状况分析

我们选择"武汉市科技局"作为大众知名度较高的武汉创新型企业代表，分

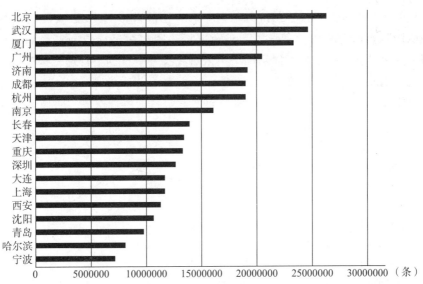

图 6 - 12　百度"搜索指数"2011 ~ 2017 年日数据汇总城市"著名大学"
舆情关注度排名

资料来源：作者根据百度指数数据综合整理。

析其舆情状况。我们收集了"武汉市科技局"2011 年 1 月 1 日至 2017 年 9 月 29 日
2464 个"百度搜索"日数据，将其动态变化的舆情数据绘制折线图，见图 6 - 13。

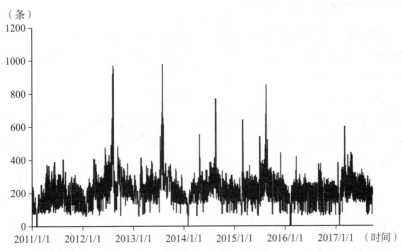

图 6 - 13　2011 年 1 月 1 日 ~ 2017 年 9 月 29 日武汉"科技创新管理机构"
舆情百度"搜索指数"日数据折线图

资料来源：作者根据百度指数数据综合整理。

从图 6 - 13 可以发现，2011 年 1 月 1 日~2017 年 9 月 29 日武汉 "科技创新管理机构" 舆情百度 "搜索指数" 日数据折线图整体呈现较为平稳的趋势，没有明显的上升或下降变化，显示网络舆情对武汉 "科技创新管理机构" 的关注没有出现特别波动。

其年度汇总数据的折线图 6 - 14 将这一趋势特征体现得更为明显。

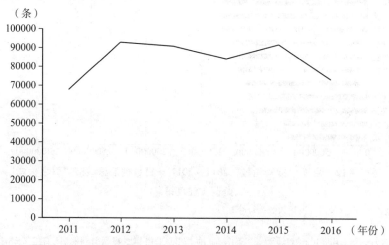

**图 6 - 14　2011~2016 年武汉市 "科技创新管理机构" 舆情百度
"搜索指数" 年度汇总数据折线图**

资料来源：作者根据百度指数数据综合整理。

2. 城市区域 "科技创新管理机构" 横向比较舆情状况分析

我们将上述 18 个类比城市与武汉市 "科技创新管理机构" 舆情状况横向比较分析，2011 年 1 月 1 日~2017 年 9 月 29 日年度汇总日数据类比绘制成柱形图，见图 6 - 15。

武汉的城市 "科技创新管理机构" 舆情关注度状况位于第 9 名，处于中等偏上的水平，伴随产业转型和科技创新的发展，武汉科技管理水平在全国也处于舆情关注度的前列。

（四）城市区域 "科技创新集聚区" 舆情状况

1. 城市区域 "科技创新集聚区" 纵向动态舆情状况分析

我们选择 "武汉光谷" 作为大众知名度较高的武汉创新园区代表，分析其舆情状况。我们收集了 "武汉光谷" 2011 年 1 月 1 日至 2017 年 9 月 29 日 2464 个 "百度搜索" 日数据，将其动态变化的舆情数据绘制折线图，见图 6 - 16。

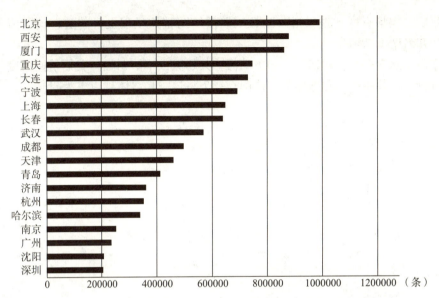

图 6 - 15　百度"搜索指数"2011～2017 年日数据汇总 19 城市
"科技创新管理机构"舆情关注度排名

资料来源：作者根据百度指数数据综合整理。

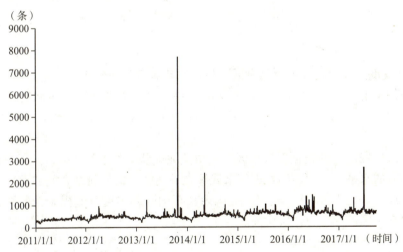

图 6 - 16　2011 年 1 月 1 日～2017 年 9 月 29 日武汉"科技创新集聚区"
舆情百度"搜索指数"日数据折线图

资料来源：作者根据百度指数数据综合整理。

从图 6 - 16 可以发现，2011 年 1 月 1 日～2017 年 9 月 29 日武汉"科技创新集聚区"舆情百度"搜索指数"日数据折线图整体呈现上升趋势，其舆情关注度和知名度不断增加。

由于图6-16中存在较大的极端值，其趋势性不够明显，我们使用年度数据进行分析，其年度汇总数据的折线图6-17将这一趋势体现得更为明显。

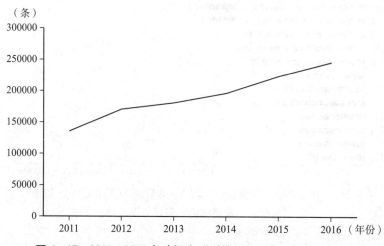

图6-17　2011～2016年武汉市"科技创新集聚区"舆情百度
"搜索指数"年度汇总数据折线图

资料来源：作者根据百度指数数据综合整理。

2. 城市区域"科技创新集聚区"横向比较舆情状况分析

我们将上述18个类比城市与武汉市"科技创新集聚区"舆情状况横向比较分析，2011年1月1日～2017年9月29日年度汇总日数据类比绘制成柱形图，见图6-18。

武汉的城市"科技创新集聚区"舆情关注度状况位于第7名，处于中等以上较为领先的水平，表现出随着近年来武汉光谷地区一批创新型企业的发展，创新集聚效应日益显现，"武汉光谷"在国内甚至国际知名度日益提升，舆情关注度也随之在全国的影响力位次居前。

（五）城市区域"城市科普场馆"舆情状况

1. 城市区域"城市科普场馆"纵向动态舆情状况分析

我们选择"武汉科技馆"作为大众知名度较高的武汉创新园区代表，分析其舆情状况。我们收集了"武汉科技馆"2011年1月1日至2017年9月29日2464

个"百度搜索"日数据,将其动态变化的舆情数据绘制折线图,见图6-19。

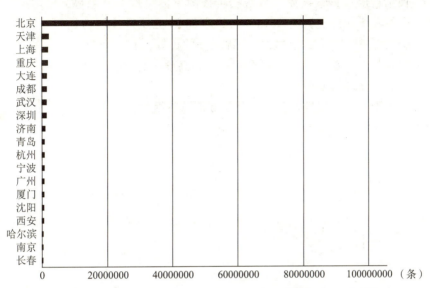

图6-18 百度"搜索指数"2011~2017年日数据汇总19个城市
"科技创新集聚区"舆情关注度排名

资料来源:作者根据百度指数数据综合整理。

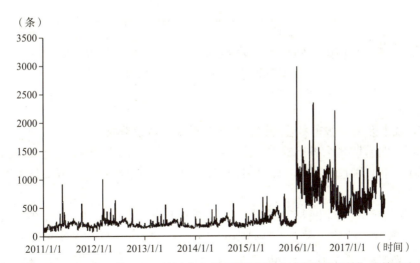

图6-19 2011年1月1日~2017年9月29日武汉"城市科普场馆"舆情百度
"搜索指数"日数据折线图

资料来源:作者根据百度指数数据综合整理。

从图 6-19 可以发现，2011 年 1 月 1 日～2017 年 9 月 29 日武汉 "城市科普场馆" 舆情百度 "搜索指数" 日数据折线图整体呈现上升趋势，其舆情关注度和知名度不断增加；尤其是 2015 年 12 月 28 日武汉科技馆新馆投入使用以后，"武汉科技馆" 的舆情关注度发生了跳跃性的提升，有一个明显的台阶断点，使得 "武汉科技馆" 的舆情水平跃升到一个新高度，对于引导全民创新热情、激发青少年科技创新理念发挥了更大的作用。

我们使用年度数据进行分析，其年度汇总数据的折线图 6-20 将这一趋势体现得更为明显。

图 6-20　2011～2016 年武汉市 "城市科普场馆" 舆情百度 "搜索指数" 年度汇总数据折线图

资料来源：作者根据百度指数数据综合整理。

2. 城市区域 "城市科普场馆" 横向比较舆情状况分析

我们将上述 18 个类比城市与武汉市 "城市科普场馆" 舆情状况横向比较分析，2011 年 1 月 1 日～2017 年 9 月 29 日年度汇总日数据类比绘制成柱形图，见图 6-21。

武汉的城市 "城市科普场馆" 舆情关注度状况位于第 5 名，处于中等以上较为领先的水平，表现出随着尤其是 2015 年武汉科技馆新馆投入使用以来，武汉的科普场馆设施水平有了大幅度的提升，对于宣传科技创新、推动形成科技创新的舆情氛围、营造良好的科技创新舆情环境发挥了重要作用。

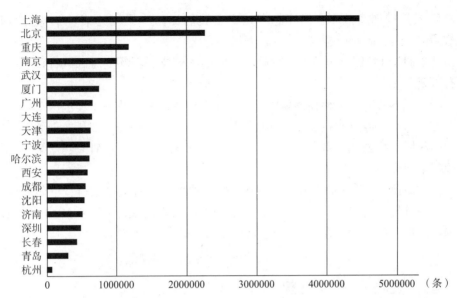

图 6－21　百度"搜索指数"2011～2017 年日数据汇总 19 个城市

"城市科普场馆"舆情关注度排名

资料来源：作者根据百度指数数据综合整理。

第四节　区域科技创新环境舆情影响区域科技创新的实证分析

一、理论分析与基本假设

已有研究对区域科技创新环境的分析都提供了不同的分析框架。本研究认为，区域科技创新环境状况有赖于各方科技创新资源主体的认知，即有赖于人们对于特定区域科技创新环境状况的信息获取，良好而广泛的科技创新环境舆情信息传播能够吸引各类科技创新资源的区域集聚，因此，本研究提出了运用互联网信息传播的区域科技创新环境舆情数据，检验区域科技创新环境对区域科技创新产出的影响，从而为区域科技创新环境研究提供新的视角和新的分析框架，以帮助对区域科技创新环境进行评估、对区域科技创新成果进行预测，进而帮助优化区域科技创新环境、吸引各类科技创新资源的区域集聚，帮助提高区域科技创新效率。基于这种认识，我们提出本研究的第一个待检验基本假设：

基本假设1：区域整体舆情反映的区域整体科技创新环境对区域科技创新产出有重要影响。

同时，本研究认为科技创新资源主体所关注的区域科技创新环境因素是有所侧重的，因此，需要对科技创新环境因素进行细分，检验对区域科技创新有重要影响的区域科技创新环境因素的舆情反映。基于这种认识，本研究建立第二个待检验基本假设：

基本假设2：分类的区域科技创新环境舆情反映的各类区域科技创新环境要素对区域科技创新产出有不同程度的影响，即区域科技创新主体所关注的区域科技创新环境要素类别存在关注度的差异性。

二、数据来源与处理

城市是科技创新活动的主要区域单元，因此，我们选择城市作为研究样本。按照国家统计局的统计口径，国内主要城市共有36个，包括4个直辖市、10个副省级省会城市、5个副省级计划单列市、17个厅级省会城市。我们认为其中4个直辖市（北京、上海、天津、重庆）、10个副省级省会城市（广州、沈阳、南京、武汉、成都、西安、济南、杭州、长春、哈尔滨）、5个副省级计划单列市（深圳、大连、青岛、宁波、厦门）共计19个城市集中了主要的各类科技创新资源，是最重要的科技创新区域单元，因此，我们选取了这19个城市作为研究样本，分析其互联网舆情信息传播反映的区域科技创新环境对区域科技创新产出的影响。

（一）区域科技创新产出数据来源

本研究的城市区域科技创新产出数据来源于19个样本城市的统计局、科技局或知识产权局官方网站公布的统计数据。在统计数据指标方面，多数城市的科技创新成果数据为各项专利申请量和授权量统计，而且部分城市如济南、长春等只公布有发明专利申请量和授权量数据，为统一分析口径以及更加客观反映城市区域科技创新成果水平，本研究选取"发明专利授权量"指标作为区域科技创新成果研究指标；在数据频率方面，只有少数城市如武汉公布了月度数据，多数城市只公布了年度数据且只有2011~2015年的数据，因此，我们采集的城市科技创新成果数据为 2011～2015 年的年度数据。

（二） 区域科技创新环境舆情数据来源与舆情关键词选取

综合数据可得性、数据覆盖面的代表性以及量化指标的可用性等因素，本研究选用搜索引擎统计的互联网信息流量数据作为区域科技创新环境舆情代表数据。在各个互联网搜索引擎中，根据互联网数据流量监测网站 StatCounter 公布的统计数据，"百度"在中文搜索引擎市场占有率最高（见表 6-2），具有绝对优势，能够较好地代表互联网舆情信息传播状况，因此，本研究选取相关"百度指数"作为城市区域科技创新环境舆情数据来源。

表 6-2　　　　　　　中文搜索引擎市场份额分布（2017 年 9 月）

搜索引擎	百度	好搜	神马	搜狗	谷歌	必应
市场份额	78.71%	8.8%	5.04%	3.77%	2.04%	1.09%

资料来源：作者根据互联网数据流量监测网站 StatCounter 数据综合整理。

根据本研究需要，相关舆情数据分为两类：一类为城市区域科技创新环境整体舆情数据，本研究以"城市名"为关键词收集相关"百度指数"；另一类为城市区域科技创新环境分类别舆情数据，需要根据城市区域科技创新环境分类舆情的类别进行相关关键词的选取。

在城市区域科技创新环境分类舆情数据关键词选取方面需要基于已有研究，考虑城市区域科技创新环境影响因素的诸多方面，并结合本研究对于城市区域科技创新环境影响因素的认识，还需要考虑数据可得性，即所选关键词应在"百度指数"所收录的搜索关键词范围之内，才能够通过"百度指数"获取相关舆情关注数据，并且"百度指数"收录本身也反映了网民关注状况，此外，城市区域科技创新环境分类关键词的选取需遵循 3 个主要标准：（1）具有特定城市的特征；（2）具有科技创新特征；（3）具有城市间可比性。本研究的分类关键词选取是实证检验的重要环节，在数据可得前提下尽可能统一标准、统一口径、统一领域。

综合目前研究，根据"百度指数"数据特征，并根据"百度百科"的城市相关信息综合，我们所选择的两类具有特定城市特征的科技创新环境相关特征分类关键词包括：（1）城市代表性创新企业或产品及品牌，为统一标准选择各城市最知名或者"百度指数"最高企业；（2）城市代表性创新院校，选择各地最具代表性的科技创新型大学；（3）城市代表性科技创新机构，根据"百度指数"数据可得性，依次选取"城市名＋科技主管行政机构名（如科技局、科技协会）"或"城市名＋科研院所名"或"城市名＋科技出版社名"或"城市名＋科技含义的地理名称（如科学城等）"或"城市名＋科技相关主题词（如科学、科研、科教等）"或"城市名＋政府"作为替代；（4）代表性科技创新资源集聚区域，包括各类科技开发园区或经济技术开发区，如北京的中关村、武汉光谷等或"城市名＋经济技术开发区（高新区、开发区等等）"；（5）各地科普中心，科技馆、科学馆、科学中心等，代表城市科普和城市科技创新舆情关注度，根据"百度指数"数据可得性或以"城市名＋图书馆""城市名＋青少年宫""城市名＋博物馆"等替代。具体的分类及不同城市分类科技创新环境舆情关键词选取见表6－3。

表6－3　　　　　　　　城市区域科技创新环境分类舆情关键词

序号	类别	名称	城市科技创新环境舆情关键词					
			总体	企业	大学	机构	园区	科普
1	直辖市	北京	北京	百度	清华大学	北京市科委	中关村	北京科技馆
2		上海	上海	携程	上海交通大学	上海市科委	张江	上海科技馆
3		天津	天津	天津泰达	南开大学	天津科技	天津滨海新区	天津科技馆
4		重庆	重庆	猪八戒网	重庆大学	重庆市科委	两江新区	重庆科技馆
5	副省级城市	广州	广州	网易	中山大学	广州市科信局	广州经济技术开发区	广州科技馆
6		沈阳	沈阳	新松	东北大学	沈阳市科技局	沈阳经济技术开发区	沈阳市图书馆
7		南京	南京	苏宁	南京大学	南京市科技局	南京开发区	南京科技馆
8		武汉	武汉	斗鱼	武汉大学	武汉市科技局	武汉光谷	武汉科技馆
9		成都	成都	新希望	四川大学	成都市科技局	成都高新区	成都市青少年宫
10		西安	西安	西飞	西安交通大学	西安市政府	西安经济技术开发区	西安博物馆
11		济南	济南	浪潮	山东大学	济南市科技局	济南高新区	济南科技市场

续表

序号	类别	名称	城市科技创新环境舆情关键词					
			总体	企业	大学	机构	园区	科普
12	副省级城市	杭州	杭州	阿里巴巴	浙江大学	杭州市科技局	杭州经济技术开发区	杭州市科技馆
13		长春	长春	修正药业	吉林大学	长春市政府	长春市高新区	长春会展中心
14		哈尔滨	哈尔滨	哈药	哈尔滨工业大学	哈尔滨市科技局	哈尔滨呼兰区	哈尔滨科技馆
15	计划单列市	深圳	深圳	腾讯	深圳大学	深圳市科技局	深圳前海	深圳科技园
16		大连	大连	万达	大连理工大学	大连市政府	大连开发区	大连图书馆
17		青岛	青岛	海尔	中国海洋大学	青岛市科技局	青岛高新区	青岛科技街
18		宁波	宁波	雅戈尔	宁波大学	宁波市政府	宁波高新区	宁波市图书馆
19		厦门	厦门	美图秀秀	厦门大学	厦门市政府	厦门软件园	厦门科技馆

资料来源：作者根据百度指数数据综合整理。

根据我们的初步检索，在目前有关城市科技创新环境的互联网舆情信息传播中，主要为正面情感倾向性的信息，因此，虽然我们使用的"百度指数"只是关注度指数，并不包含情感倾向性，但是，我们选取"百度指数"中的"搜索指数"作为主要的互联网舆情信息传播数据来源是合理的，例如我们以"武汉"为关键词，使用百度"新闻搜索"工具收集了2012年至2016年的日数据，并按照"政府行政"等7个类别以及"正负面"对搜索到的各新闻条目进行分类，分析发现各类新闻中"负面"信息仅占10%以下，负面信息所占比重较小，因而本研究认为相关关键词"百度搜索"的互联网信息传播舆情关注数据能够代表对于区域科技创新环境状况的评价。

区域科技创新环境舆情关键词"百度指数"数据来源为日数据，为匹配城市科技创新产出数据的频率水平，要么需要使用混频数据方法，要么需要进行降频。年度数据与日数据频率差距过大，因此，选择对日数据进行降频的方法，基于"百度指数"舆情关注的数据特征，经过反复试验，我们采取年度加总方法进行了数据降频处理。

（三）区域科技创新环境相关经济数据

本研究所使用的城市区域科技创新环境相关经济数据来源于国家统计局"主

要城市年度数据库"，数据期间为 2011~2015 年。

三、变量解释

（一）被解释变量

本研究以城市区域科技创新成果为被解释变量，根据数据情况采用各样本城市的"发明专利授权量"代表城市区域科技创新成果，表示为"ctinno"。

（二）解释变量

根据表 6-3 所选择的各类城市区域科技创新环境舆情关键词，我们收集了各关键词"百度指数"的日搜索流量数据，并基于这些数据降频得到年度数据作为各类城市区域科技创新环境舆情解释变量数据，包括"整体关注舆情""著名创新型品牌公司关注舆情""著名大学关注舆情""科技创新管理机构关注舆情""科技创新集聚区关注舆情""科普场馆关注舆情"，分别表示为"PO_whole""PO_firm""PO_university""PO_institution""PO_cluster""PO_museum"。

（三）控制变量

本研究的实证研究控制了国内生产总值、地方一般公共预算支出、在岗职工平均工资、社会商品零售总额等各个城市经济社会发展变量，分别表示为 GDP、govexp、wage、retail。

各个变量的具体解释见表 6-4。

四、描述性统计

本研究对上述各个变量进行了描述性统计分析，具体数据见表 6-4，从中可以发现：各个变量之间的最大值与最小值之间有着比较大的差距，标准差也较大，说明各个城市之间科技创新成果与舆情关注都有比较大的差距；不同类别的舆情数据有着较大的数值差异，说明舆情关注有侧重，如"著名创新型品牌公司关注舆情"数值明显大于其他舆情关注数值；由于计量单位的差异，也造成各个变量的数值差异较大。

表 6 - 4

变量解释及描述性统计

变量名	变量含义	平均值	标准差	最大值	最小值	中位数	观测数
ctinno	发明专利授权量	4892.02	5752.86	35308.00	230.00	2863.00	95
PO_whole	整体关注舆情	4312912.74	2010143.75	10402989.00	1366668.00	3974746.00	95
PO_firm	著名创新型品牌公司关注舆情	21913582.36	49791003.97	303796827.00	35400.00	1822807.00	95
PO_university	著名大学关注舆情	2068437.44	823702.33	4622315.00	938920.00	1872458.00	95
PO_institution	科技创新管理机构关注舆情	77668.53	37235.90	162584.00	1796.00	70887.00	95
PO_cluster	科技创新集聚区关注舆情	920996.14	3447705.64	19198672.00	6659.00	99164.00	95
PO_museum	科普场馆关注舆情	117647.06	127836.24	770460.00	1862.00	85180.00	95
GDP	生产总值（亿元）	9732.66	5327.16	25123.45	2539.31	8003.61	95
govexp	地方一般公共预算支出（亿元）	1521.01	1294.33	6191.56	389.07	939.89	95
wage	职工平均工资（元）	62770.79	15539.63	113073.00	36450.00	61754.00	95
retail	商品零售总额（亿元）	3967.27	2137.91	10338.00	800.30	3395.10	95

资料来源：作者根据百度指数和国家统计局网站数据综合整理。

本研究为了在实证分析中消除数据单位和异方差影响，对各个变量数据做了取对数处理，处理之后的数据描述性分析见表6－5，从中可以发现处理后的数据基本消除了计量单位的影响，也使得标准差缩小，但并不影响变量之间的数量关系。

表6－5　　　　　　　　　　　变量对数值的描述性统计

变量名	对数平均值	对数标准差	对数最大值	对数最小值	对数中位数	观测数
ctinno	3.4759	0.4363	4.5479	2.3617	3.4568	95
PO_whole	6.5901	0.1994	7.0172	6.1357	6.5993	95
PO_firm	6.4335	1.0130	8.4826	4.5490	6.2607	95
PO_university	6.2829	0.1692	6.6649	5.9726	6.2724	95
PO_institution	4.8053	0.3479	5.2111	3.2543	4.8506	95
PO_cluster	5.1188	0.5878	7.2833	3.8234	4.9964	95
PO_museum	4.9092	0.3885	5.8868	3.2700	4.9303	95
GDP	3.9278	0.2304	4.4001	3.4047	3.9033	95
govexp	3.0669	0.2981	3.7918	2.5900	2.9731	95
wage	4.7855	0.1025	5.0534	4.5617	4.7907	95
retail	3.5401	0.2300	4.0144	2.9033	3.5309	95

资料来源：作者根据百度指数和国家统计局网站数据综合整理。

五、模型构建

根据上述变量和数据，本研究构建以下模型以检验区域科技创新环境舆情所反映的区域科技创新环境状况对区域科技创新产出的影响。

$$ctinno_{i,t} = \alpha + \beta PO\_whole_{i,t} + control_{i,t} + \varepsilon_{i,t} \qquad (6-1)$$

$$ctinno_{i,t} = \alpha + \beta PO_{i,t} + control_{i,t} + \varepsilon_{i,t} \qquad (6-2)$$

上式（6－1）用以检验基本假设1、上式（6－2）用以检验基本假设2。i、t分别表示不同的城市和年度；PO表示各个分类舆情解释变量，包括"著名创新型品牌公司关注舆情""著名大学关注舆情""科技创新管理机构关注舆情""科技创新集聚区关注舆情""科普场馆关注舆情"；control表示各个控制变量，包括国内生产总值、地方一般公共预算支出、在岗职工平均工资、社会商品零售总额等各个城市经济社会发展变量。

六、回归分析

(一) 关于基本假设 1 的实证检验

基本假设 1 是针对城市整体舆情反映的区域科技创新环境对区域科技创新产出的解释作用检验。为了消除数据单位和异方差影响,本研究在回归分析中均采用各变量的对数值,回归分析检验结果见表 6-6。

表 6-6 关于基本假设 1 的回归分析结果

固定效应 GLS 回归				样本数量 = 95		
分组变量:城市				分组数量 = 19		
R 方:组内 = 0.7425				每组样本数量:最小 = 5		
组间 = 0.4366				平均 = 5.0		
整体 = 0.4568				最大 = 5		
				Wald chi2 (5) = 220.47		
corr(u_i, X) = 0 (假定)				Prob > chi2 = 0.0000		
ctinno	系数	标准差	z	P > z	95% 置信区间	
PO_whole	0.3336605	0.1309317	2.55	0.011	0.0770391	0.590282
GDP	-0.1712811	0.4637743	-0.37	0.712	-1.08026	0.737699
govexp	-0.1922964	0.1533394	-1.25	0.21	-0.4928361	0.1082433
wage	-0.1687332	0.314056	-0.54	0.591	-0.7842716	0.4468053
retail	1.225971	0.3876807	3.16	0.002	0.4661313	1.985812
_cons	-0.9930405	1.462489	-0.68	0.497	-3.859467	1.873386
sigma_u	0.33478655					
sigma_e	0.06916353					
rho	0.95906757					

本研究以城市名为关键词搜索整理得到城市区域整体舆情关注,作为解释变

量回归解释城市区域科技创新产出。表 6 - 6 的回归分析结果表明，与城市区域科技创新环境相关的整体舆情与城市科技创新产出成果成正比，而且在 1% 水平上显著，说明城市区域科技创新环境相关的整体舆情关注水平能够较为显著地解释区域科技创新产出成果，城市区域科技创新环境相关的整体舆情关注水平越高则区域科技创新产出成果越丰富，说明城市区域科技创新环境相关的整体舆情关注水平能够反映城市区域科技创新环境状况。

在控制变量中，社会商品零售总额变量能够在 1% 显著性水平上解释区域科技创新产出水平，表明以社会商品零售总额为代表的城市区域经济社会发展水平能够解释区域科技创新发展产出水平。

（二）关于基本假设 2 的实证检验

基本假设 2 是针对城市分类科技创新环境舆情反映的区域科技创新环境对区域科技创新产出的解释作用检验。为了消除数据单位和异方差影响，本研究在回归分析中均采用各变量的对数值，回归分析检验结果见表 6 - 7。

表 6 - 7　　　　　　　　　　关于基本假设 2 的回归分析结果

固定效应 GLS 回归				样本数量 = 95		
分组变量：城市				分组数量 = 19		
R^2：组内 = 0.7881				每组样本数量：最小 = 5		
组间 = 0.3631				平均 = 5.0		
整体 = 0.3953				最大 = 5		
				Wald chi2（5）= 252.65		
corr(u_i, X) = 0（假定）				Prob > chi2 = 0.0000		
ctinno	系数	标准差	z	P > z	95% 置信区间	
PO_firm	0.0433314	0.0341166	1.27	0.204	- 0.0235359	0.1101987
PO_university	0.6336798	0.1854605	3.42	0.001	0.270184	0.9971757
PO_institution	- 0.0186944	0.0351489	- 0.53	0.595	- 0.087585	0.0501962
PO_cluster	0.0623324	0.0528758	1.18	0.238	- 0.0413021	0.165967
PO_museum	- 0.0581133	0.0551582	- 1.05	0.292	- 0.1662214	0.0499947
GDP	- 0.2936529	0.460997	- 0.64	0.524	- 1.19719	0.6098846
govexp	- 0.0902513	0.1576892	- 0.57	0.567	- 0.3993164	0.2188138

续表

ctinno	系数	标准差	z	P > z	95% 置信区间	
wage	− 0.1341525	0.3043389	− 0.44	0.659	− 0.7306458	0.4623407
retail	1.295631	0.3817578	3.39	0.001	0.5473994	2.043862
_cons	− 3.242652	1.730501	− 1.87	0.061	− 6.634372	0.1490687
sigma_u	0.31060249					
sigma_e	0.06434988					
rho	0.95884396					

　　本研究以各城市区域"著名创新型品牌公司关注舆情""著名大学关注舆情""科技创新管理机构关注舆情""科技创新集聚区关注舆情""科普场馆关注舆情"关键词搜索整理得到城市区域分类舆情关注，作为解释变量回归分析城市区域科技创新产出。表6－7的回归分析结果表明，在各分类舆情中，"著名大学关注舆情""著名创新型品牌公司关注舆情""科技创新集聚区关注舆情"与城市区域科技创新环境相关的分类舆情与城市科技创新产出成果成正比，而且"著名大学关注舆情"在1%水平上显著，说明以"著名大学关注舆情"为代表的城市区域科技创新环境相关的分类舆情关注水平能够较为显著地解释区域科技创新产出成果，"著名大学关注舆情"等城市区域科技创新环境相关的分类舆情关注水平越高则区域科技创新产出成果越丰富，说明"著名大学关注舆情"等城市区域科技创新环境相关的分类舆情关注水平能够反映城市区域科技创新环境状况。

　　在控制变量中，仍然是社会商品零售总额变量能够在1%显著性水平上解释区域科技创新产出水平，表明以社会商品零售总额为代表的城市区域经济社会发展水平能够较为稳健地解释区域科技创新发展产出水平。

　　由于本研究采用19个城市5年短周期的面板数据，数据特征接近于横截面数据，时间趋势性较弱，因此，未做数据时间序列的平稳性检验和变量的协整关系检验。

七、稳健性检验

　　关于基本假设1的稳健性检验。本研究用"发明专利申请量"的对数值作为被解释变量；同时，以城市整体关注度舆情数据除以"百度指数"这一关键词搜索量，以消除互联网搜索舆情数据使用量变化的时间趋势，用处理后的数据作为解释变量。检验结果没有改变以上基本结论。

关于基本假设 2 的稳健性检验。本研究用"发明专利申请量"的对数值作为被解释变量；同时，以城市分类关注度舆情数据除以"百度指数"这一关键词搜索量，以消除互联网搜索舆情数据使用量变化的时间趋势，用处理后的数据作为解释变量。检验结果没有改变以上基本结论。

第五节　武汉市科技创新环境舆情监测管理机制研究

基于以上现状和实证分析，我们认为武汉的城市整体舆情以及与科技创新环境密切相关的城市"著名创新型品牌公司""著名大学""科技创新管理机构""科技创新集聚区""城市科普场馆"等五类分类舆情状况不同程度反映了城市科技创新环境状况；另一方面，我们也认为，城市科技创建舆情也能够帮助促进改善城市科技创新环境，留住人才、资金等各类科技创新资源要素。因此，基于城市科技创新环境舆情的管理策略能够帮助促进改善城市整体科技创新环境状况，形成城市区域良好的科技创新舆情氛围，留住和吸引各类创新资源在城市区域的集聚。这方面的管理策略可以从一般性机制的培育与具体策略的实施两方面进行设计。

一、武汉市促进科技创新发展环境舆情策略的一般机制原则

武汉市营造良好的科技创新发展环境可以充分运用相应的舆情策略。一方面，通过舆情所反映的信息，有针对性地调整和改善科技创新环境；另一方面，主动宣传武汉的科技创新环境优势，引导形成良性舆情互动关系，树立武汉科技创新环境的良好形象，留住和吸引各方科技创新资源在武汉集聚。

（一）充分利用舆情信息改善科技创新环境

舆情是通过各种信息的汇聚而形成的，能够综合反映各方观点、预期和情绪，通过对舆情信息的收集、整理和分析，能够从中获取有决策参考价值的有用信息，从一个方面反映社会公众对武汉科技创新环境的认识、判断、要求和期待。武汉科技创新环境建设，可以充分反映舆情的需要，更加有针对性地进行调

研、核实，确认存在的问题以后，更能够有针对性地采取有效措施进行解决；然后，通过进一步的舆情反馈检验武汉科技创新环境的调整成效。通过这种反复"调整—检验"的工作程序，能够达到不断优化武汉科技创新环境的目标，而在这一调整工作机制运行过程中，舆情能够起到信息反馈的关键性衔接作用，充分体现舆情在帮助获取市场反应、检验调整效果的信息传递功能。

（二）引导舆情发展营造良好科技创新氛围

舆情状况受到信息源、发生频率、传播速度、传播节奏、传播渠道、接受人群等各方面因素的影响，形成的原因较为复杂。但是，如果能够通过适当的传播渠道和适当的传播方式将真实信息发布出去，就能够引导舆情的良性发展，营造良好的舆情氛围。武汉科技创新环境能够通过舆情状况得到反映，舆情状况的良性发展也能够帮助营造良好的武汉科技创新舆情环境，梳理良好的科技创新环境形象，留住和吸引更多科技创新要素资源。因此，武汉市应建立主动的舆情引导机制，通过传统媒体、新媒体等各类信息渠道，广泛宣传武汉市科技创新的优势条件和优良环境，让更多人了解武汉、认识武汉，培育树立科技创新沃土的形象，在原有科教优势基础上，宣传光谷、科技馆等新的科技创新集聚区、科技创新普及场所，将武汉打造出科技创新之城的新形象。

二、目前武汉市促进科技创新环境发展的舆情实施策略

基于以上武汉市促进科技创新发展环境舆情策略的一般机制原则，结合目前的情况，可以从多个角度设计一系列具体措施进行落实，包括以下几个主要的方面：

（一）设立专门的科技创新环境舆情监测与管理协调机构

通过设立专门的科技创新环境舆情监测与管理协调机构，或确定专门部门和专门人员的职能，以保障落实科技创新环境舆情监测与管理协调的相应责任。通过常态化的科技创新环境舆情监测工作，动态及时地收集科技创新环境舆情状况，随时反馈相关舆情信息，分析判断，及时做出工作调整，不断优化环境状况；基于对舆情的认识，及时发布真实信息，组织各个部门相互协调配合，引导舆情方向，维护武汉科技创新环境的优良形象。

（二）发展多元化的区域媒体体系和科技创新环境舆情传播渠道

分层次、分类型有计划地系统规划和发展多元化的区域媒体体系，并形成全方位的科技创新环境舆情传播渠道。传统媒体与新媒体包括自媒体，以及综合媒体和专业媒体、全国性媒体与区域性媒体、纸质媒体与电子媒体和户外媒体，均有各自的传播特征和特定的传播渠道。基于当前各类媒体形式的传播和接受特征，根据传播要求，选择适当的渠道和方式，开展武汉科技创新环境舆情的收集与发表。充分考虑各方面影响因素，以保障收集信息的准确性以及发表信息的有效性；通过系统规划，以保障信息收集与发表的全面、系统，取得更加规范可控的效果以及累积效应。

（三）针对公众关注有针对性地加强信息收集和传播力度

在上述系统规划、全面管理的基础上，仍然需要根据舆情传播特定，加强公众舆情关注的重点领域、重点主题、重点事件的舆情监测与管理，有针对性地开展重点舆情信息收集与舆情传播引导管理。在舆情信息传播领域，各类舆情的传播强度存在差异性，重点舆情的受关注度和影响力远远超过一般舆情，这也正是舆情与一般信息传播的区别以及舆情被专门定义的原因。因此，把握重点舆情的监测与信息收集，针对重点舆情实施特别信息发布、引导、管理，能够达到事半功倍的效果。在科技创新环境舆情领域，公众更多关注的是激励政策、园区环境、人才供给、产业链完整程度、重大突破和引领性企业或团队等，重点收集和发布这些领域的信息能够引领舆情发展朝向更加积极的方向，更有助于武汉科技创新优良环境形象的树立。

（四）充分传播武汉市优势科技创新环境文化和正面舆情信息

武汉市在科技创新领域具有许多优势条件，如武汉拥有大量高校和科研院所，成为大量科研人员和其他科研资源的聚集地，在全国名列前茅；武汉还是全国乃至全球在校大学生最多的城市，具有宝贵的科技创新人才基础；随着产业转型升级的逐步深入，这一努力正在见到越来越大的成效，一批具有影响力的互联网、生物科技等领域的高新技术企业在光谷地区落户，逐渐形成聚集效应；另外，武汉近年出台了"百万大学生留汉工程"等吸引人才等科技创新资源的优惠政策。武汉市的这些科技创新优势条件以及优惠政策，都需要通过各类信息渠道进行广泛宣传，营造武汉市创新创业的良好舆情环境，吸引公众更加强烈的舆情关注度，引导各地各类科技创新资源尤其是人才资源进一步向武汉市聚集。

（五）加强科技创新者工作者关注的重点舆情信息管理

包括科技创新项目投资者、科研人员、科技创新组织管理者等于科技创新活动直接相关的科技创新工作者是科技创新的主导力量，是引导各类各地科技创新资源流动、集聚的动力来源。因此，对于科技创新工作者所关注的科技创新融资环境、科技创新机构集聚环境、科技创新政策环境、科技创新文化环境、科技创新人力资源环境、科技创新支撑产业链环境等方面要进行有规划、有系统、有重点地进行信息整理和信息传播，形成科技创新工作者关注和有吸引力的武汉科技创新环境舆情氛围，能够通过科技创新工作者的关注，调动相应的各类科技创新资源向武汉地区流动与聚集，并且与武汉市科技创新环境舆情之间形成更加良好的互动循环，帮助武汉市科技创新环境进一步优化。

（六）突出重点区域的科技创新环境舆情信息传播

集聚发展有利于资源共享、信息交流，科技创新活动，以集聚的方式开展科技创新活动，有助于激发科技创新热情、凝聚科技创新方向、集中优势科技创新产业链资源、互相激励提高科技创新生产效率，从而产生明显高于其他区域的科技创新生产力。因此，打造科技创新集聚区成为各地促进科技创新事业发展的重点抓手，也成为各地吸引科技创新资源集聚的重要条件，成为各地经济社会转型发展的名片。近年，武汉光谷地区以光电子信息产业、生物产业等高新技术产业为引领，发展起一个新的引领经济转型发展的科技创新集聚区域，在全国乃至世界范围内都已经具有了一定的影响力和吸引力，需要进一步发展和强化这一优势条件，在信息传播和宣传领域，利用传播媒体和新媒体多种渠道，运用媒体报道和商业广告等多种形式，采取单向传播和互动交流等多样化手段，广泛宣传从而形成以武汉光谷为代表的武汉科技创新集聚区良好舆情形象，吸引更多企业和研究机构入驻并开展科技创新活动。

（七）获得与武汉市科技创新发展匹配的舆情关注度

武汉市具有高校、研究机构众多、人才资源丰富、产业链相对完善等开展科技创新活动的诸多有利条件；近年来以光谷光电子信息产业、生物产业、互联网产业等领域的产业转型升级为引领，取得了显著成效。但是，武汉市的整体科技创新舆情关注度仍不够高，没有与武汉市科技创新的优势条件以及已有成果相匹配，说明武汉市可以进一步通过重视信息传播、舆论宣传，营造更加真实准确并与武汉科技创新条件实力相匹配的舆情环境，客观反映武汉市科技创新环境优势，吸引适合发展的科技创新资源的舆情关注和集聚，同时，激发包括科研人员、投资人、管理人员在内的各类科技创新工作者的创新热情，以更高效率投身科技创新事业，共同推动武汉市科技创新再上新台阶。

第六节　区域舆情与区域创新研究总结

　　本研究认为区域科技创新环境舆情所反映的区域科技创新环境对于区域创新产出有着显著的解释作用，尤其是区域大学科研机构是区域科技创新资源集聚与区域科技创新活动的引领者，区域科技创新型企业与区域科技创新集聚园区也对区域科技创新发挥积极作用。因此，各区域应着力支持本地大学科研机构的发展，推动其发挥科技创新引领作用，同时注重引入和培育区域创新引领企业、建设和维护区域科技创新园区发展，充分发挥企业的自主创新能力，为科技创新型企业发展营造有利的空间。

　　本研究认为，区域科技创新环境舆情是区域科技创新环境状况的综合反映，各区域一方面应注重区域科技创新环境舆情监测，将其作为了解区域科技创新环境综合状况的一个视角，随时把握区域科技创新环境变化，以便有针对性地改善和优化区域科技创新环境；另一方面，应该通过各类媒体渠道尤其是互联网信息传播渠道客观、全面地传播区域科技创新环境信息，尤其是具有特色和优势的区域科技创新环境条件，以吸引和留住各类科技创新资源，促进区域科技创新发展。

　　对于本研究领域未来可能的研究拓展，会将更多城市区域纳入科技创新环境舆情研究范围，如合肥依托中国科学技术大学的量子领域科技创新优势，兰州依托兰州大学的科技创新优势，贵阳大数据科技创新发展优势，佛山、东莞等城市制造业转型升级等，许多城市在科技创新领域都各具特色与优势，未来可以将更多具有特色的城市科技创新区域以重新架构的城市分类逻辑体系纳入，使本研究所构建区域科技创新环境舆情分析体系更加完善，并进一步通过构建区域科技创新环境舆情指数的方式综合、全面、客观地反映区域科技创新环境状况的现实。

参 考 文 献

［1］蔡竞，董艳.银行业竞争与企业创新——来自中国工业企业的经验证据
［J］.金融研究，2016（11）：96－111.

［2］曹蓉.基于全样本分析的网络舆情指标体系研究综述［N］.情报杂志，
2015（5）.

［3］曾润喜，杜换霞，王君泽.网络舆情指标体系、方法与模型比较研究
［N］.情报杂志，2014（4）.

［4］陈媛媛.我国主流媒体中的湖北媒介形象——以《人民日报》《光明日
报》（2006—2010）的报道为例［J］.东南传播，2012（11）：68－71.

［5］从佳佳，吴传清.集群声誉租金、集体行动和区域产业集群品牌监管
［J］.学习与实践，2010（6）：19－27.

［6］丁兆云，贾焰，周斌.基于文本数据的多维层次式舆情计算模型的研究
与实现［A］.中国计算机学会数据库专业委员会.第二十五届中国数据库学术会
议论文集（一）［C］.中国计算机学会数据库专业委员会：中国计算机学会数据
库专业委员会，2008：4.

［7］高航，丁荣贵.政府重大投资项目舆情风险预警指标体系研究［J］.图
书馆论坛，2014，34（7）：28－33.

［8］韩永来，孟素平.区域营销视角下经济发展机制探索［J］.中国商贸，
2012（11）：23－24.

［9］湖北省人民政府应急管理办公室.湖北雾霾天气舆情应对的主要经验与
启示［J］.中国应急管理，2013（4）：38－41.

［10］湖北省新闻工作者协会湖北大学新闻与传播学院联合课题组.在融合
发展中进一步提高传播力——2016年湖北媒体形象和传播效果问卷调查分析
［R］.新闻前哨，2016：25－29.

［11］霍琳，尚维，徐山鹰.房地产开源舆情指数构建与政策影响研究［J］.
信息系统学报，2013（2）：57－66.

［12］贾亚丽．论中原经济区舆情海外传播中的蝴蝶效应［J］．科技视界，2015（20）：52－286.

［13］雷亮，彭真，李鸿．大数据在区域品牌营销中的应用研究［J］．图书与情报，2015（2）：77－81.

［14］李昊青，兰月新，侯晓娜，张琦．网络舆情管理的理论基础研究［J］．现代情报，2015，35（5）：25－40.

［15］李婷，董慧芹．科技创新环境评价指标体系的探讨［J］．中国科技论坛，2005（4）：30－36.

［16］李勇建，王治莹．突发事件中舆情传播机制与演化博弈分析［J］．中国管理科学，2014，22（11）：87－96.

［17］李子奈、叶阿忠．高级应用计量经济学［M］．北京：清华大学出版社，2012.

［18］廖毅，聂静虹．区域品牌水果的网购意愿影响因素——以东莞市"麻涌香蕉"为例［J］．地域研究与开发，2018，37（5）：48－59.

［19］刘涛雄，徐晓飞．互联网搜索行为能帮助我们预测宏观经济吗？［J］．经济研究，2015，50（12）：68－83.

［20］刘阳．区域形象建设与区域经济发展协同——以广西为例［J］．商，2015（36）：275－265.

［21］刘毅．网络舆情研究概论［M］．天津：天津人民出版社，2007.

［22］刘志明．舆情大数据指数［M］．北京：社会科学文献出版社，2016.

［23］陆林，刘冰清．试论区域发展中的区域形象价值［J］．经济地理，2005（3）：294－297.

［24］栾惠德，侯晓霞．中国实时金融状况指数的构建［J］．数量经济技术经济研究，2015，32（4）：137－148.

［25］罗毅丹，樊琦．一种新扩展的向量自回归模型及应用［J］．统计研究，2010，27（7）：95－100.

［26］毛秀梅，田辛玲．动态能力视角下政府应对网络舆情的对策研究［J］．情报理论与实践，2017，40（1）：64－82.

［27］孟雪井，孟祥兰，胡杨洋．基于文本挖掘和百度指数的投资者情绪指数研究［J］．宏观经济研究，2016（1）：144－153.

［28］潘芳，胡彬，施凌荣，朱晓峰．网络舆情管控系统优化研究［J］．现代情报，2016，36（11）：3－26.

［29］邱爱梅．消费者视角的区域品牌治理机制研究［J］．广东社会科学，

2017 (5): 35 – 42.

[30] 苏天恩. 我国大陆省域科技创新环境评价实证研究 [J]. 教育评论, 2014 (10): 140 – 142.

[31] 孙健敏, 冯静颖. 制约我国科技创新的环境因素研究 [J]. 当代经济管理, 2007 (4): 29 – 32.

[32] 孙江华, 严威, 周建新. 城市形象媒体监测系统的建设及应用 [J]. 现代传播 (中国传媒大学学报), 2009 (4): 167 – 168.

[33] 涂传清, 王爱虎. 农产品区域公用品牌的经济学解析: 一个基于声誉的信号传递模型 [J]. 商业经济与管理, 2012 (11): 15 – 32.

[34] 王斌会. 计量经济学模型及 R 语言应用 [M]. 北京: 北京大学出版社, 2015.

[35] 王来华. 舆情研究概论: 理论、方法与现实热点 [M]. 天津: 天津社会科学出版社, 2003.

[36] 王雷, 刘永忠. 湖北省区域科技创新环境建设构想 [J]. 科技进步与对策, 2005 (5): 41 – 42.

[37] 韦文英, 杨开忠. 区域营销的基本前提: 区域及其特性 [J]. 改革与战略, 2005 (1): 4 – 6.

[38] 翁媛媛, 高汝熹. 科技创新环境的实证研究——基于上海市创新环境的因子分析 [J]. 上海管理科学, 2009, 31 (1): 90 – 96.

[39] 吴雪. 将打造区域农业品牌与乡村振兴相结合 [J]. 人民论坛, 2018 (17): 74 – 75.

[40] 席丹, 郑慧. 大力发展生产力促进中心事业 不断优化武汉科技创新环境 [J]. 科技进步与对策, 2004 (5): 64 – 65.

[41] 肖艳, 张利群. 区域品牌经济发展机制探究 [J]. 社会科学战线, 2017 (9): 251 – 255.

[42] 谢晨, 朴鸿远. 聚类群分: 媒体报道下地方城市形象传播的差异化——基于《湖北日报》新闻报道的实证分析 [J]. 新闻界, 2016 (16): 22 – 27.

[43] 徐程瑾, 王铮. 论新媒体传播与区域经济的相互促进 [J]. 新闻战线, 2015 (8): 68 – 69.

[44] 徐映梅, 高一铭. 基于互联网大数据的 CPI 舆情指数构建与应用——以百度指数为例 [J]. 数量经济技术经济研究, 2017, 34 (1): 94 – 112.

[45] 闫利平, 陶卫江, 韩晓虎, 靳兰. 政府网络舆情监测分析及预警 [J]. 现代情报, 2011, 31 (4): 46 – 52.

［46］严群英．基于区域营销的区域经济发展机制研究［J］．华东经济管理，2010，24（9）：44 – 48．

［47］严群英．区域营销与区域竞争优势形成机制研究［J］．商业研究，2011（6）：192 – 197．

［48］杨建梅，黄喜忠，张胜涛．区域品牌的生成机理与路径研究［J］．科技进步与对策，2005（12）：22 – 24．

［49］杨晓兰，沈翰彬，祝宇．本地偏好、投资者情绪与股票收益率：来自网络论坛的经验证据［J］．金融研究，2016（12）：143 – 158．

［50］尹朝晖．论区域地缘形象与区域媒体对外传播［J］．西北农林科技大学学报（社会科学版），2013，13（2）：88 – 91．

［51］张芳，化存才，何伟全，李文杰．采用网络舆情指数评价体系分级预警的多层模糊综合评判模型［J］．重庆理工大学学报（自然科学），2013，27（12）：123 – 128．

［52］张培凡，刘功申．分级指标体系下的网络舆情指数计算［J］．信息安全与通信保密，2013（1）：57 – 59．

［53］张庆民，王海燕，吴春梅，吴士亮．基于熵权—离差聚类法的城市公共安全舆情评估［J］．中国安全科学学报，2012，22（9）：147 – 152．

［54］张世晓．基于互联网舆情的区域科技创新环境对科技创新产出的影响——以中国19个主要城市为例的实证分析［J］．湖北经济学院学报，2018，16（3）：74 – 127．

［55］张世晓．金融舆情演化机理与监测管理机制研究［M］．湖北：湖北人民出版社，2014．

［56］张世晓．区域投资环境形象舆情监测与声誉管理体系建设研究［J］．湖北经济学院学报（人文社会科学版），2014，11（2）：40 – 46．

［57］张伟．可视化分析技术在网络舆情研究中的应用［J］．现代情报，2016，36（11）：82 – 86．

［58］郑鹏，马耀峰，李天顺，唐仲霞．基于声誉理论的区域旅游合作"声誉信息系统"构建［J］．旅游论坛，2010，3（1）：50 – 54．

［59］周德才，冯婷，邓姝姝．我国灵活动态金融状况指数构建与应用研究——基于 MI – TVP – SV – VAR 模型的经验分析［J］．数量经济技术经济研究，2015，32（5）：114 – 130．

［60］周小梅，范鸿飞．区域声誉可激励农产品质量安全水平提升吗？——基于浙江省丽水区域品牌案例的研究［J］．农业经济问题，2017，38（4）：85 –

112.

［61］ Barbara A. Bardes, Robert W. Oldendick. Public Opinion: Measuring the American Mind ［M］. Wadsworth, 2000.

［62］ BI Page, RY Shapiro. Effects of Public Opinion on Policy ［J］. American Political Science Review, 1983, 77 (1): 175 – 190.

［63］ Camagni R (eds). Innovation Networks: Spatial Perspectives ［M］. London: Beelhaven – Pinter. 1991.

［64］ Dautel, V. and Walther, O. (2014), The geography of innovation in a small metropolitan region: An intra-regional approach in Luxembourg ［J］. Pap Reg Sci, 93: 703 – 725.

［65］ David H. Solomon. Selective Publicity and Stock Prices ［J］. The Journal of Finance, 2012, 67 (2): 599 – 638.

［66］ Della Peruta, M. R., Del Giudice, M., Lombardi, R. et al. J Knowl Econ, Open Innovation, Product Development, and Inter – Company Relationships Within Regional Knowledge Clusters ［J］. Journal of the Knowledge Economy, 2016 (2): 1 – 14.

［67］ DJ Watts. PS Dodds, Influentials, Networks, and Public Opinion Formation ［J］. Journal of Consumer Research, 2007, 34 (4): 441 – 458.

［68］ Elisabeth Noelle – Neumann. The spiral of silence: public opinion ［M］. Niversity of Chicago Press, 1993.

［69］ George Allen. Place Branding: New Tools for Economic Development ［J］. Design Management Review, 2007, 18 (2): 60 – 68.

［70］ Harvey C. Perkins. Place promotion: The use of publicity and marketing to sell towns and regions ［J］. Journal of Rural Studies, 1996, 12 (2): 202.

［71］ Joel Peress. The Media and the Diffusion of Information in Financial Markets: Evidence from Newspaper Strikes ［J］. The Journal of Finance, 2014, 69 (5): 2007 – 2043.

［72］ John M. Foot. From Boomtown to Bribesville: The Images of The City, Milan, 1980 – 97 ［J］. Urban History, 1999, 26 (3): 393 – 412.

［73］ Johnston C., Ballard A.. Economists and Public Opinion: Expert Consensus and Economic Policy Judgments ［N］. The Journal of Politics, 2016.

［74］ Joseph E. Engelberg, Christopher A. Parsons. The Causal Impact of Media in Financial Markets ［J］. 2011, 1 (66): 67 – 97.

［75］ Jungherr A. , Schoen H. , Posegga O. , Jurgens P. Digital Trace Data in the Study of Public Opinion: An Indicator of Attention Toward Politics Rather Than Political Support ［J］. Social Science Computer Review, 2016.

［76］ Martin Boisen, Kees Terlouw, Peter Groote, Oscar Couwenberg. Reframing place promotion, place marketing, and place branding-moving beyond conceptual confusion ［J］. Cities, 2018, 80: 4 – 11.

［77］ Matthew Gentzkow. Trading Dollars for Dollars: The Price of Attention Online and Offline ［J］. American Economic Review, 2014, 104（1）: 481 – 88.

［78］ O'Connor B. , Balasubramanyan R. , Routledge B. , Smith N. From Tweets to Polls: Linking Text Sentiment to Public Opinion Time Series ［C］. International Conference on Weblogs & Social Media, 2010.

［79］ OECD. National Innovation System ［R］. Paris: OECD, 1997. 10.

［80］ Paul K. H. Leung. Marketing Asian places: Attracting investment, industry, and tourism to cities, states and nations ［J］. Asia Pacific Journal of Tourism Research, 2002, 1（7）: 62 – 63.

［81］ Rimé B. , Mesquita B. , Philippot P. Beyond The Emotional Event: Six Studies on The Social Sharing of Emotion ［J］. Cognition and Emotion, 1991（5）: 435 – 465.

［82］ Sebastian Zenker. How to catch a city? The concept and measurement of place brands. Journal of Place Management and Development, 2011（1）: 40 – 52.

［83］ Slothuus R. Assessing the Influence of Political Parties on Public Opinion: The Challenge from Pretreatment Effects ［J］. Political Communication, 2016, 33（2）: 1 – 26.

［84］ Smit, M. J. , Abreu, M. A. and de Groot, H. L. F. （2015）, Micro-evidence on the determinants of innovation in the Netherlands: The relative importance of absorptive capacity and agglomeration externalities ［J］. Pap Reg Sci, 94: 249 – 272.

［85］ Thomas Niedomysl, Mikael Jonasson. Towards a theory of place marketing ［J］. Journal of Place Management and Development . 2012（3）: 223 – 230.

［86］ William A Gamson, Andre Modigliani. Media Discourse and Public Opinion on Nuclear Power: A Constructionist Approach ［J］. American Journal of Sociology, 2015, 95（1）: 1 – 37.

致　谢

本书基于我近年对于区域舆情与区域投资、区域创新研究的成果积累。研究过程中得到了湖北经济学院各位同事的大力支持，在此表示感谢。

本研究得到了"湖北省科技厅软科学研究项目（2017ADC049）"和"教育部人文社会科学研究项目（13YJA630130）"的资助。

研究生许雅莉、鲍星燃、吴雪、刘光锐、周顿、孙慧敏、陈洁参与了研究工作和书稿整理工作。

感谢家人的支持。

张世晓

二〇一九年元月六日